濑水汤汤

溧阳考古成果集

南京博物院
溧阳市文体广电和旅游局　编
溧阳市博物馆

上海古籍出版社

前　言

　　江苏溧阳，一座太湖西部的山水之城，天目山余脉逶迤西南，古中江水系横贯东西，长三角核心腹地，江浙皖三省通衢，水陆交通四通八达，自然资源得天独厚。古中江又名"濑水"，"濑"与"溧"古音相通，又名"溧水"。溧阳以地处"溧水"之北而春秋始名，吴越归楚，秦时置县，六朝营城，历隋唐宋，经元明清，纵观几千年人文激荡，孕育了丰厚的历史文化资源。

　　南京博物院在上世纪六十年代在溧阳境内开展考古工作，近年来更是"耕耘"不断，先后组织开展了溧阳神墩遗址、秦堂山遗址、东滩头遗址、古县遗址、青龙头墓地、蒋笪里汉墓、蒋笪里土墩墓、上兴子午墩土墩墓、杨家山土墩墓群、观山北遗址、刘庄土墩墓群等重要考古发掘项目，完成了溧阳南航校区、溧宁高速公路、古县村西地块、溧阳上兴开发区等重要线路和地块的考古调查勘探工作，对整体性掌握和深入性研究溧阳境内新石器时代至唐宋时期的考古学文化内涵、重要文物资源分布以及城市历史文化底蕴等积累了坚实的资料支撑。其中，溧阳神墩、秦堂山、东滩头等以平底釜为主要文化特征，存在大量蚬蚌螺蛳类堆积的史前遗址，代表了太湖西部山地向平原地带过渡的新石器时代考古学文化的新类型，可命名为"骆驼墩文化"，对深入研究长江下游新石器时代考古学文化及长江下游古代文明的进程等具有极其重要的意义；大量土墩墓的清理发掘研究，将溧阳地区作为吴文化重要区域，以及吴越相接、一体两国文化因素的交流体现得淋漓尽致；青龙头和蒋笪里汉墓群墓葬规格颇高，时代集中于西汉、新莽至东汉时期，成为探索汉王朝"溧阳侯"的有利线索；古县遗址作为年代明确的六朝时期县城，城墙明晰，遗迹丰富，遗物大宗，郊祭或县学遗址的发现，更是为"永平""永世"城深化了内涵、提升了层次；大山下唐代窑址中发现了大量的瓷器，碗、钵、罐、壶、盂等各类器物丰富多彩，与相邻的宜兴市涧㳡窑在时代和产品类型、工艺上均有较多的相似之处，属于南方青瓷窑系的一个重要组成部分；一塔、一宫、一阁、一码头、一城墙，珠串成线，考古勘察觅实证，千年团城今犹在。

溧阳持续不断的考古工作，将抢救性基建考古纳入区域文明探索的课题中，取得了卓著的成果，出土了大量珍贵文物，保护了文化遗产，让一座江南小城寻到了历史文化的根脉。对"全域旅游城市"溧阳重要考古发现的梳理展示，是利用考古出土资料实证溧阳深厚历史文化底蕴的最有力尝试，是推动溧阳定位历史文化名城的坚实支撑，也是构建人文城市和全域旅游城市的独特资源，还是推动全省乃至全国范围内县级文物考古工作持续深入开展的优秀范例；既可作为文物考古工作在社会效益中的闪光业绩，又可成为考古成果转化、惠及广大公众、普及文化遗产理念的精神载体。

溧山苍苍，瀨水汤汤，美音自在，天目流光。江苏考古人赓续筚路蓝缕、不懈努力的开拓精神，在溧阳精耕细作二十载，砥砺前行谱新篇，为江苏地域文明探源作出了瞩目的溧阳贡献。

文明曙光

壹

◎ 神墩遗址
◎ 秦堂山遗址
◎ 东滩头遗址

神墩遗址

■ 发掘区远景（西北—东南）

一、遗址概况

神墩遗址位于太湖西部的溧阳市社渚镇孔村东南的平原地带，东临梅渚河。现为高出四周地面1—2米的不规则条形土墩，面积近3万平方米。发掘区主要集中在遗址西北部，文化层平均厚度为1.5—2米，主要遗存的年代跨度为距今7000—5900年左右，分为早期、中期、晚期三大阶段，早期阶段遗存约为距今7000—6500年，相当于马家浜文化早期。中、晚期阶段遗存约为距今6500—5900年，相当于马家浜文化晚期。

■ 遗址外景（西北—东南）

● 陶釜（H22：1）

● 陶釜（H66：1）

二、发掘经过

2004—2006 年，江苏省考古研究所、常州市博物馆、溧阳市文管会对溧阳神墩遗址进行了三次发掘，面积 1002.5 平方米。发现了距今 7000—6000 年的新石器时代马家浜文化时期相对完整的氏族公共墓地，共清理墓葬 252 座、婴幼儿瓮棺葬 16 座、房址 10 座、灰坑 90 个、沟 1 条。同时还发现了良渚文化墓葬 9 座、早商时期灰沟遗存 1 条、灰坑 10 个以及春秋时期的灰坑 2 个。对深入研究长江下游地区新石器时代考古学文化的分布范围、面貌特征、交流传播和变迁过程等具有重要意义。

● 陶釜（T0834 等⑤：1）　● 陶釜（T0834 等⑤：2）

三、发掘收获

（一）早期阶段

　　早期阶段发现了釜、豆、罐、盆、钵、匜、盉、杯、甑、蒸箅、器盖、器座、支座、陶拍等大量陶器。陶系以夹细蚌末褐陶和红陶为绝对主体，有一定数量的红衣陶、黑衣陶及零星的泥质陶、夹炭陶和夹砂陶。陶胎相对较为一致，细蚌屑的含量较高。胎质较为疏松，火候相对较低。相当多的陶器呈现外红内黑的状态。

　　平底器占绝大多数，也有少量三足器和圈足器，不见圜底器。纹饰简单，仅有少量锯齿纹、刻划纹、按捺纹、镂孔、凸棱

■ 早期建筑遗存 F5（清理前）

等。錾手、把手、器耳的使用比较普遍。平底釜是最为重要的炊器，数量最多，形制也多种多样。主要有直口斜腹筒形釜、直口宽沿斜腹筒形釜、罐形釜、盆形釜、敛口釜、尊形釜等，口沿下常有四个或两个舌梯形对称錾手，因器形不同腰檐宽窄不等或无腰檐，有的腰檐外缘有凸纽、锯齿纹装饰或形成多角状。腰檐以上多施红衣，少量施黑衣。

多层次大面积分布的密集柱洞和灰坑，可能与高出地面的立柱架梁铺板建屋的干栏式建筑关系密切，共同组成了一幅地势低平、水网稠密地区古代先民的生活场景。在多个灰坑中淘洗发现的炭化稻米和红烧土块中夹带的水稻谷壳印痕以及少量的鹿、

■ 早期建筑遗存 F5（清理后）

龟、鱼、鸟类动物遗存等，对研究当时的稻作农业、食物结构、生计方式、生存环境都有极其重要的意义。

（二）中期阶段

中期阶段以墓葬区为代表，在公共墓地中共清理成人和青少年墓葬 252 座，分布非常密集，叠压打破关系复杂，有相当数量为浅坑和深坑填土掩埋，部分为平地堆土掩埋。瓮棺葬 16 座，散布于墓地的墓葬之间，一般用倒扣的釜作为葬具，里面残留有婴幼儿骨渣。

■ 墓地现场

墓地边缘还有两处狗骨架。所有墓葬头向均向东或东略偏北、偏南，葬式以仰身直肢、屈肢和侧身直肢、屈肢、交肢为多，也有俯身的直肢、屈肢、交肢以及合葬墓、二次葬等，有的墓葬还用其他人体的尸骨随葬，如 M20 头下枕有股骨和腓骨。

随葬品共 331 件，出土于 167 座墓葬中，其中陶器 247、石器 63、玉器 21 件，随葬品在 1—3 件的有 151 座，4—8 件的有 16 座。社会成员之间相对较为平等，少量随葬品数量稍多的墓葬，出现了崇尚玉石器的倾向。出土陶器中夹砂陶和泥质陶的数量增加，夹蚌末陶数量减少，以红陶为主，灰陶、褐陶、黑陶较少，少量陶器施红衣或黑衣。三足器的数量大量增加，足多呈扁

■ M188 器物组合

■ M55 出土现场、局部、玉石器组合

● 陶豆（M145：2） ● 陶匜（M260：1）

● 陶鼎（M241：1） ● 陶鼎（M172：2）

● 陶罐（M76：1）   ● 陶罐（M197：1）

- 陶釜（M221：1）
- 三足陶釜（M122：1）
- 瓮棺陶釜（W13）
- 瓮棺陶鼎（W10）
- 穿孔石斧（M219：3）
- 玉管（M88：1—6）

● 玉玦（M12：1）　　● 玉璜（M88：1）
　　　　　　　　　　● 玉璜（M20：1）
　　　　　　　　　　● 玉璜（M20：3）

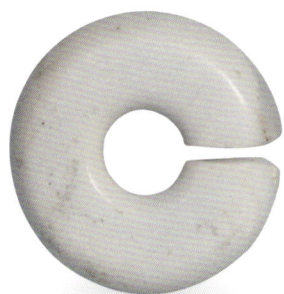

条状，正面多有一条纵向凸脊，相当多的三足器仅余足根，可能是有意识的行为。圈足器有所增多，平底器相对减少，新见圜底器。器形有鼎、三足罐、三足釜、平底釜、罐、豆、盆、钵、壶、匜、器盖、纺轮、网坠等，纹饰主要有弦纹、刻划纹、水波纹、锯齿纹、附加堆贴、镂孔、凸棱等。一侧往往有一鋬手或器耳。随葬陶器的小型化和明器化倾向显著。瓮棺葬陶器器形相对较大，主要有侈口罐形平底（或三足平底）釜、直口筒形平底釜等。石器有穿孔石斧、锛、凿、圈形器、条形器等，制作精致，打磨光滑，有的无使用痕迹。出土玉器为璜、玦、管、坠等，质料既有与溧阳小梅岭玉矿相似的透闪石—阳起石类软玉，也有玉

■ 晚期建筑遗存 F10（清理前）

髓、玛瑙、石英等。特别是 M20、M88 的 2 件玉璜出土于死者口中，为中国目前最早的口琀敛尸玉器，开创了玉器神圣化和神秘化的先河。

（三）晚期阶段

晚期阶段再次成为居住区，建筑形态演化为红烧土地面建筑。出土陶器中泥质陶、夹砂陶继续增加，夹蚌陶继续减少，但夹蚌褐陶、红陶依然较多，夹炭陶少量存在。器形有鼎、釜、豆、罐、盆、钵、壶、盉、匜、甑、缸、炉箅、蒸箅、器盖、支座、纺轮等，鼎的数量大量增加，鼎足形态多种多样，釜的数量大量减少，新见厚胎夹砂大口深腹小平底缸、炉箅等，并出现了

■ 晚期建筑遗存 F10（清理后）

向崧泽文化过渡的趋势。特别是灰坑中发现的 3 片刻纹白陶，花纹繁缛，纹饰精美，其原生地为长江中游的大溪文化，长江下游地区仅见于安徽繁昌缪墩和浙江桐乡罗家角，该发现对地质学界和历史地理学界长期争论不休的胥溪河（长江自芜湖开始往东经由高淳、溧阳、宜兴的入湖入海通道）的形成年代提供了考古学背景解释。证明远在六千多年前的新石器时代长江还存在另一条自西往东的入湖入海通道，太湖西部地区溧阳神墩遗址的先民已利用这条水路要道同长江中下游广大地区的考古学文化人群发生了广泛而密切的接触和交流。

此外，还清理了良渚文化墓葬 9 座，出土了一批石钺、斧、锛、凿和陶鼎、豆、壶、罐、杯、匜、双鼻壶、高柄杯、大口缸等。陶器陶质主要为泥质黑皮陶、灰陶、红陶和夹砂红陶等，纹饰为弦纹、篮纹、指甲纹、按捺纹、刻划纹和圆形、半月形、弧线三角形镂孔等。崧泽文化陶器的折腹、圈足底部三等分切割形成凹缺的风格继续存在，良渚文化的典型器双鼻壶开始出现，年代应为崧泽向良渚文化的过渡时期。大口深腹篮纹厚胎小平底缸继承了太湖西部悠久的文化传统，非常具有地域特色。

早商时期的灰沟和灰坑遗存也是太湖西部地区的首次发现。经钻探，灰沟沿东北—西南向贯穿整个遗址，分别与南面的溧梅支河和北面的低洼地相通，长 170 多米，宽约 7.5 米，深约 1.8 米，最深处达 2.7 米，可能是早商时期用于灌溉、走水或储水的水沟，废弃后成为倾倒垃圾的灰沟，出土了大量的陶器和石器。陶器主要有鼎、鬲、袋足甗、豆、盆、罐、觚、杯、尊、刻槽盆、鸭形壶、三足盘、器盖、纺轮等，陶质有夹砂陶、泥质陶和少量硬陶，纹饰中大量为绳纹、方格纹、梯格纹、叶脉纹、篮纹、云雷纹、席纹、刻划纹、折线纹、凸棱、按捺纹、各种弦纹及组合纹饰等，比较有特点的是多种灰黑陶的浅盘敞（敛）口细柄豆，往往形成多道弦纹或竹节状柄，甚至形成凸节柄。石器有锛、斧、凿、半月形石刀、犁、镰等。既与太湖东部地区的马桥文化和宁镇地区的点将台文化、早期湖熟文化有着密切的联系，又有强烈的自身特色，填补了本地区早商时期古文化的空白。

■ 刻纹白陶片（H12：1）

四、价值意义

神墩遗址地处宁镇低山丘陵和宜溧山地向太湖平原的过渡地带，其发掘为进一步确立太湖西部马家浜文化早期以平底釜为中心的新文化（或类型）——骆驼墩文化（类型）提供了坚实的基础，并明确了太湖文化区和宁镇文化区的文化分界，为重新全面认识马家浜文化的分期、分区和类型提供了丰富的材料。目前以平底釜为主要特征的新文化（类型）以太湖西部的宜兴、溧阳为中心，向东北和东南延伸，呈C形板块环绕着太湖西部，与太湖东部桐乡罗家角以圜底釜为主要特征的环太湖东部板块，形成了东西对立、相互作用、交相辉映的格局。进入马家浜文化晚期，随着宁镇地区北阴阳营文化的异军突起，北阴阳营文化以及古丹阳湖流域的高淳薛城文化类型对环太湖西部的冲击、影响和渗透显著加强，环太湖西部的文化更新速度明显加快，太湖流域东西并立的格局遭到破坏，东西板块的融合性逐渐加强，但文化传统长期延续，差异性继续存在，最终为环太湖流域统一性日益增强的崧泽文化和良渚文化的形成奠定了坚实的基础，在中国新石器时代的文明化进程中扮演了非常重要和独特的角色。

（田名利）

秦堂山遗址

2013—2017 年度

一、遗址概况

秦堂山遗址位于溧阳市上兴镇东塘村委章村西约 300 米处（上沛石灰厂东侧），北距上兴镇约 4 公里，东南距溧阳市区约 26 公里，中心地理坐标为北纬 31°28′10.4″，东经 119°14′20.4″，上沛河从遗址南侧穿过。该遗址于第三次文物普查时发现，2011 年由江苏省人民政府公布为"江苏省文物保护单位"。在前些年上沛河河道拓宽工程中，对原始自然河道进行裁弯取直，遗址南部区域因此遭受到较大破坏。

秦堂山遗址涵盖骆驼墩文化、崧泽文化、钱山漾文化、广富林文化、马桥文化及唐宋、明清不同时期文化遗存。其中以骆驼墩文化遗存最为丰富，核心区面积约 4.5 万平方米。

■ 秦堂山地点远景（东北—西南）

二、发掘经过

2013 年 4 月，南京博物院考古研究所与溧阳市文化广电体育局、溧阳市文物管理委员会等组成考古队对秦堂山遗址进行了第一次全面勘探工作，对遗址范围、文化层堆积等相关情况进行确认。同年 5 月，在前期勘探的基础上，在遗址核心区布探方 3 个（分别编号 T1、T2、T3），总发掘面积 160 平方米。

2014—2015 年，南京博物院考古研究所再次联合溧阳市文化广电体育局、溧阳市文物管理委员会对秦堂山遗址进行第二次考古勘探与发掘，第二次考古工作在 2013 年的工作基础上继续进行。以遗址西侧的秦堂山地点、东侧的毛家山地点，将其分为两个区（分别编为 I 区秦堂山地点、II 区毛家山地点）。本次发掘工作在两区同时开展，于 I 区秦堂山地点布探方 3 个（T4、T5、T6）、探沟 1 条（TG1）；于 II 区毛家山地点布探方 6 个（T0807、T0907、T0808、T0908、T0809、T0909）。加之扩方，总发掘面积 310 平方米。

■ 秦堂山地点发掘区俯拍

■ 墓地发掘
■ 现场绘图

　　2016 年 11 月至 2017 年 11 月，南京博物院考古研究所联合溧阳市文化广电体育局、溧阳市文物管理委员会对遗址进行第三次考古发掘。本次发掘主要对 I 区秦堂山地点骆驼墩文化时期墓地及生活区进行扩大清理，布 10 米 ×10 米探方 2 个（编号 T7、T8），对 II 区毛家山地点大型沟状遗迹进行解剖，总发掘面积220 平方米。

■ 人骨鉴定

三、主要收获

三次考古发掘共揭露面积 690 平方米，发掘取得重要收获，下面分 I 区秦堂山地点与 II 区毛家山地点分别予以简要介绍。

（一）秦堂山地点

秦堂山地点以骆驼墩文化为主体，并见马桥文化及明清时期遗存。主要清理出骆驼墩文化墓地一处，包括墓葬 160 余座、房址 3 座、灰坑 70 余座及洞类遗迹 150 余个。

秦堂山地点骆驼墩文化墓地主体年代为骆驼墩文化晚期，部分墓葬可晚至骆驼墩文化与崧泽文化过渡时期。墓葬分布十分密集，层层叠压打破。墓葬分属不同层位，早晚关系明确，除墓葬外，少见生活类遗迹，表明该区域作为独立的墓地得到持续沿用，而地层堆积则与西侧的居住区相贯通。部分墓葬墓坑不明确，并存在多具人骨连续叠压现象。墓葬以单人一次直肢葬为主，有少量堆骨二次葬。多为侧身葬，并见仰身或俯身葬。人骨大多保存较差，开口于贝壳层（蚬、蚌、螺等）之下或打破贝壳层的墓葬人骨保存相对较好，部分墓葬存在未经打破或扰乱而无头骨的情形。随葬品分属陶、石、玉、骨几大类。陶器器类有鼎、釜、罐、钵、盖、纺轮、网坠等，石器主要为锛、纺轮，玉器有玦、璜、管、珠等，骨器有骨制靴形器、匕、簪、动物獠牙等。随葬陶器中的鼎、罐多为非实用的明器。

■ 骆驼墩文化墓地局部　　　■ M120（骆驼墩文化墓葬）

　　骆驼墩文化时期房址、灰坑、洞类遗迹及灶等生活类遗迹多位于墓地西侧，整体地势较墓地高。灰坑与洞类遗迹分布密集，洞类遗迹往往因不成规律、找不到明确的活动面而无法确认为房址。部分灰坑平面呈长椭圆形，剖面呈台阶状，这类灰坑多较窄深，性质不明。灰坑及洞类遗迹内常见填大量烧土块的现象。

■ M121（骆驼墩文化墓葬）

■ M91（骆驼墩文化墓葬）

■ M144（骆驼墩文化墓葬）

■ M99（骆驼墩文化墓葬）

（二）毛家山地点

毛家山地点位于秦堂山地点东侧，实为略高于周围的小土丘。以崧泽文化为主体，并发现有钱山漾文化、广富林文化、马桥文化及唐宋时期文化遗存。共清理崧泽、广富林及马桥文化时期灰坑 60 余座，房址、灰沟及大面积烧土堆积各 1 处。

崧泽文化遗存相对丰富，钱山漾、广富林及马桥诸文化遗存地层已遭晚期破坏，尚存一定数量的灰坑，开口于耕土层下。广富林、马桥文化出土遗物器类主要有陶鼎、釜、豆、罐、钵、石锛、刀等。

勘探显示在该区北侧有一条大致呈东西走向的沟状遗迹，连接东侧的自然河沟与西侧的低洼地，经解剖确认，该沟系崧泽文化时期开挖，直到唐宋时期才彻底淤实，沟北侧发现唐宋时期砖石混铺小路。

■ H18（广富林文化灰坑）

■ 专家论证研讨会

■ 日本金泽大学中村慎一教授一行

■ 专家观摩出土文物标本

- 陶鼎（M113：1）
- 陶鼎（M50：2）
- 陶鼎（M91：7）

● 三足罐（T7 ⑫：1）　　● 彩陶罐（T8 ⑦：6）
● 陶豆（H16：1）

● 陶罐（M61：1）　● 陶釜（M64：2）
● 陶釜（M103：1）

● 双孔石钺（T8④：1）　● 陶豆形器（M151：2）
● 玉玦（M144：1）

四、小结

经过三次考古发掘工作，基本摸清了秦堂山遗址不同时期聚落布局状况及文化内涵。秦堂山遗址延续时间长、文化内涵丰富，为区域性中心聚落，是地域文明的重要载体，为我们探索和研究该地区古代历史文化提供了时代标尺。秦堂山遗址马家浜文化时期遗存具有鲜明的地域特征，与宜兴骆驼墩、西溪、下湾、溧阳神墩、东滩头等遗址同为太湖西部以平底釜为主要文化特征的"骆驼墩文化"的重要组成部分，丰富了骆驼墩文化内涵并拓展了其外延。广富林、马桥文化时期遗存的发现为认知该区域新石器时代末期及夏商时期文化面貌提供了新材料。

（甘恢元 史骏 周鑫）

● 玉璜（M9出土）

东滩头遗址

2018—2020 年度

一、遗址概况

东滩头遗址位于溧阳市溧城镇东南部的一处缓坡岗地上，西北
距溧阳市区约 3 公里，其西、南面均为延绵的宜溧山地，东距长
三角最大的湖泊——太湖约 40 公里。遗址原地貌为突出于地表的

■ 2019 年发掘区全景

圆形台地，后因建设取土逐渐平整。总面积约 10 万平方米，现存面积约 2.1 万方米。2018—2020 年南京博物院联合省内其他单位对遗址进行了两次大规模的发掘，发掘面积约 1.25 万平方米，主要发现了马家浜文化时期的居住区和公共墓地，出土各类文物逾2000 件。

■ 2019 年发掘现场及第一至三期房址

■ 二期房址 F11
■ 二期房址 F15

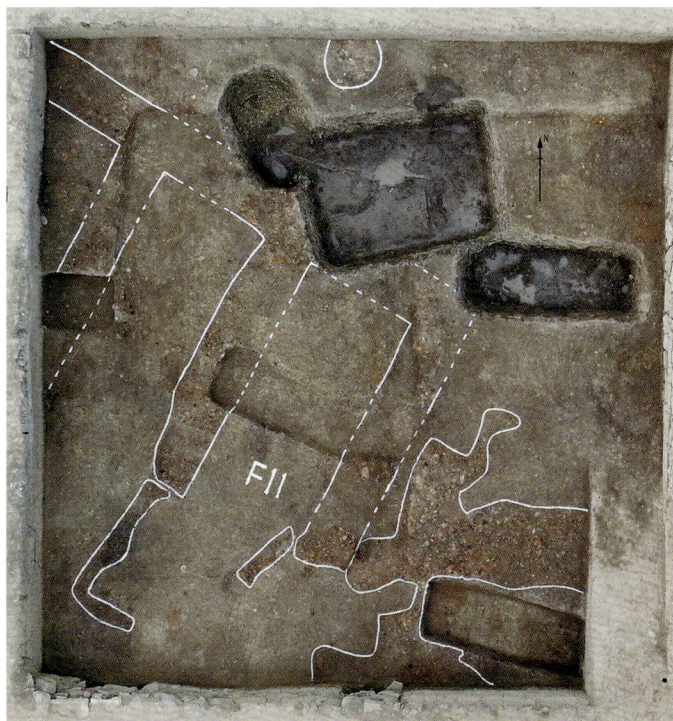

■ 三期房址 F4

二、主要收获

（一）居住区遗存

　　主要集中在遗址的东部，共发现马家浜文化时期房址 25 座，此外发掘区内还存在大量单独编号的柱洞，应是房址的一部分。第一期房址直接打破生土，遍布整个发掘区，此时期的房址表现为大量密集且不规律的柱洞群。第二期房址较前段有所发展，建筑方法有了更新，发现的房址可分为两类。一类为柱洞式地面建筑，仍然使用木柱作为房屋的主要支撑结构。另一类为纯基槽式或者基槽—柱洞式的地面建筑，这类建筑开始使用墙体作为房址的主要支撑结构，构筑出室内空间，木柱则起辅助作用，布置在室内或者墙体转角等部位。第三期房址与前一时期的结构相近，但是基槽变宽加深，有些宽可至 1 米，同时柱洞数量进一步减少，表明此时更加重视墙体的作用，在结构上承担了主要的支撑作用。

居住区出土器物十分丰富，依据质地可分为陶、石、骨、玉四类。陶器以夹蚌陶为主，其次为夹砂陶、泥质陶，基本不见夹炭陶，泥质陶表面饰红陶衣的现象比较普遍。陶色以红褐色占绝大多数，灰黑色较少。晚期地层遗物以式样繁多的鼎足最常见，较典型的有足面中间安装竖向凸脊、两侧按窝与仅有足面按窝两种。其次有陶釜、平底盉、匜、小罐、喇叭形高圈足豆、器耳、大口缸、羊角形器盖、网坠、纺轮、灶、甑等。陶釜多为鋬手、腰檐、口沿等部位。鋬手可分为长扁形与宽扁形底面带凹槽两种。腰沿宽大厚重，沿边常装饰一圈按捺纹，部分在底部贴附竖向泥条。陶豆器表多装饰红陶衣，喇叭形高圈足，圈足上钻孔比较常见，豆盘存在敞口圆形深腹与多边形浅弧腹两种形制。器耳有环状与牛鼻状两种。石器以各种磨石最多，此外有长条形石锛、石斧、石钺等。骨器有骨针、骨镞、骨簪等。骨器、石锛、石钺的器表都磨制得十分光滑，石斧则相对粗糙。玉器数量极少，仅有几件璜、管。早期地层最大的变化是鼎足数量急剧减少几至不见，器形种类也更加简单，以陶釜的腹片、鋬手、罐腹片等居多。

（二）墓地

发现马家浜文化时期的墓地三处，一处接近居住区东部边缘，为婴孩瓮棺葬区，共清理瓮棺葬56座；另两处为集中的聚落墓地，分别位于居住区的西南与西北侧，共清理墓葬373座。

瓮棺葬群集中分布，葬具分层置于居住区边缘的坡面上，未发现挖坑埋瓮的现象，瓮棺之间有挤压。葬具皆为陶釜，均倒扣放置，其中5座瓮棺葬破坏严重，情况不明，其余瓮棺葬除5座陶釜底部保存完整外，陶釜的底部皆被刻意敲坏或损毁。部分釜中残存婴孩骨骸。葬具的种类有罐形釜、筒形釜及尊形釜三种，陶质为夹蚌或夹砂红褐陶，未见夹炭陶，腰檐以上习见涂抹红陶衣的现象。

■ 瓮棺葬 W28、W29

■ 居住区西南侧墓地

■ T1517 ②层下墓葬航拍（部分）

■ M148

■ M253

2019 年在遗址居住区西北侧发现 9 座墓葬；2020 年在居住区西南又发现一处较完整的聚落墓地，共清理马家浜文化时期墓葬 364 座，分布十分密集，在局部区域甚至出现数座墓葬层层叠压打破的情况。两处墓地在葬式、形制、随葬品等方面无明显差别。墓葬以单人一次葬为主，少见合葬与二次葬。墓葬墓向绝大多数为北偏东，少数为正北。墓葬面向多朝上，少数朝向左、右两侧。葬式以仰身葬占绝大多数，未见明确的俯身葬与侧身葬。仰身葬中以仰身直肢葬最多，有少量屈肢葬。墓地人骨保存较好，为体质人类学研究提供了丰富的资料。部分墓葬中出现其他个体的骨骼，较集中地摆放在墓坑边缘。在一些墓葬中也发现了头骨缺失或者移位的现象，从现场看可以排除埋藏后遭受扰动的可能。

墓地随葬器物分为陶、玉、石、骨器四类。陶器数量很少，玉、骨、石器数量较多。陶纺轮、陶网坠、玉璜、玉玦、骨制靴形器、石锛是墓地中比较常见的随葬器物。随葬品摆放的位置表现出一定的倾向性：玉玦一般放置在双耳处，玉璜位于颈部下方，腰腹部压置砺石，脚背处随葬骨制靴形器，左手处放置陶纺轮，两侧大腿边放置石钺与石斧，陶容器放置于头端或者脚端。随葬品并未因性别、年龄不同而进行严格区分，但存在一定的倾向性。在部分已经鉴定性别的墓葬中，骨制靴形器、石钺、石锛、玉玦多出现在男性墓中，陶纺轮、砺石、骨簪、骨针出现在男、女性墓中的频率大致相近。这表明此时期部分器物已与特定性别形成关联。

三、价值意义

东滩头遗址是太湖西部近年来发掘的一处大规模史前遗址。遗址早期地层出土器物以平底器为多，晚期地层圈足器、三足器数量大增，平底器渐居次席，未见马家浜文化典型的圜底陶釜。陶系以夹蚌红褐陶为大宗，夹炭与夹砂陶很少。器物群中平底腰檐陶釜和与之配套使用的陶灶、平底盉、平底鼎等极具特色。墓葬均为仰身直肢葬，不见俯身葬。从这些特点判断，东滩头遗址应与骆驼墩、西溪等遗址同属骆驼墩文化。

瓮棺葬群是遗址较早的一批遗存，葬具中尊形、筒形、罐形三种釜均有使用。其中筒形釜腰檐位置偏下，另外一些陶釜的腰檐变窄退化、在其下方贴附竖向泥条，这些特点较符合骆驼墩遗址第二期的特征。居住区晚期地层鼎足形态多样，陶豆施红陶衣、钻孔现象普遍，F4基槽内的豆柄为黑皮灰陶且出现三圈凸棱，其余器物如陶小罐、盆、把手、羊角形器盖等与神墩遗址的器物比较类似，因此居住区晚期遗存属于西溪—神墩类型，时代相当于马家浜文化

■ 2019 年省文化和旅游厅吴晓林　　　■ 现场三维扫描
　 副厅长至工地检查指导工作　　　　　■ 地层土壤采样
■ 瓮棺葬内婴儿骨骼提取与鉴定
■ 现场人骨鉴定

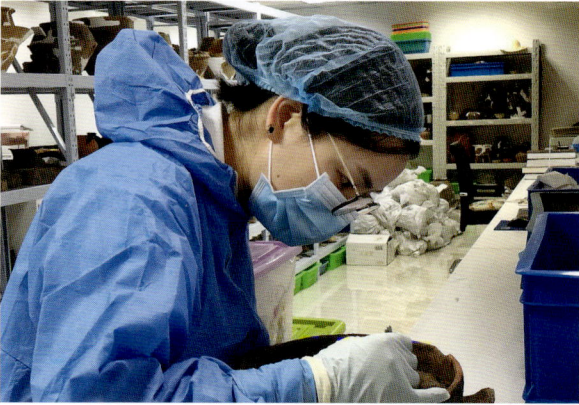

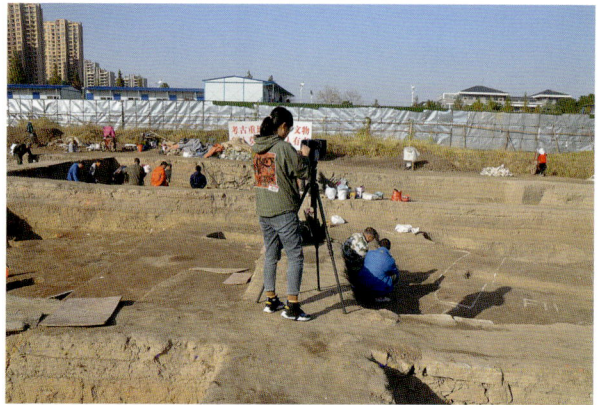

晚期。聚落墓地内随葬陶器极少，但地层内出土器物与居住区晚期地层基本一致，两者时代应相近。

环太湖地区距今 6500—6000 年存续的考古学文化，湖东岸为马家浜文化，湖西岸则为骆驼墩文化。这一阶段的聚落材料总数已然不少，但缺乏系统性。大部分遗址发现房址数量不超过 10 座。东滩头遗址在居住区内共发现 25 座房址，在规模上为以往发掘的同时期遗址所未见。同时三个阶段房址的演变较为清晰，第一阶段的房址与溧阳神墩、宜兴西溪、金坛三星村、高淳薛城等地的早期阶段建筑形制基本相同，均采用大量密集柱洞来组成房址的主体部分，推测应该是干栏式结构的建筑。马家浜文化晚期出现了地面建筑，但仍使用柱洞作为主要的支撑结构，基槽短浅，更接近于柱坑。东滩头第二、三阶段的部分房址以基槽墙体为主要支撑结构，少见柱洞，在其他遗址极为少见，是本区域这一阶段聚落材料的新发现。

瓮棺葬集中于居住区的东侧边缘，在遗址的第⑨—⑪层上，与第一阶段房址时代相同，其北侧与西南侧均发现了第一阶段的房址。神墩与骆驼墩等地也发现过瓮棺葬，但这些地点的瓮棺葬通常与房屋建筑和墓葬分布在一起。东滩头这种大规模独立的瓮棺葬区尚属首次发现。

两年的发掘共清理墓葬近 400 座，墓地规模在同时期、同类型遗址中十分少见。墓地中器物组合与神墩遗址基本相同，常见器物如陶平底小鼎、盆、带小鋬的平底钵、纺轮、长条形石锛等均与神墩墓地中同类器别无二致。而东滩头墓地也有一些新的特点：一是墓葬头向多数为北偏东，不见本地区盛行的东向；二是随葬品中陶容器数量极少，而玉、石、角器占比极高。璜、玦、锛、骨制靴形器大量使用，与神墩、骆驼墩等地墓葬以陶容器为主的习惯差别明显。这两点与金坛三星村、北阴阳营等地的墓地较为相似，因此遗址晚期阶段在继承太湖西部传统的同时也与宁镇地区史前文化存在一定交流。

（贺亚炳 胡颖芳）

● 玉玦（M99：3-1）　　● 玉玦（M99：4-1）
● 玉玦（M161：4-1）　　● 玉玦（M209：1-1）
● 玉玦（M317：3-1）　　● 玉玦（M344：2-1）
● 玉玦（M385：1-1）　　● 玉玦（T1619②：1-1）

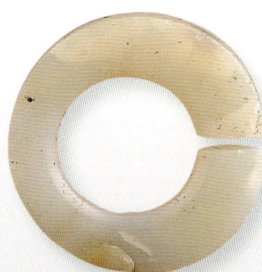

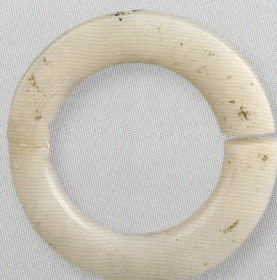

- 玉璜（M53：1-1　）
- 玉璜（M118：1-1）
- 玉璜（M137：1-1　）
- 玉璜（M243：6-1）
- 玉璜（M411：1-1）
- 玉璜（M411：5-1）
- 玉璜（T1619②：2-1）
- 玉璜（T1619③：14-1）

● 骨刀（T1518 ③：5-1）　● 陶豆盘（H31：1）
　　　　　　　　　　　　　● 陶器盖（T3623 ⑤：5）
　　　　　　　　　　　　　● 陶釜（W35）

● 陶釜（W21）　　　● 陶釜（W14）

● 陶钵（T2722④：2）　● 陶杯（T3621④：1）

● 石钺（M99：1-1）　● 石钺（M98：2-1）

● 石挂件（T3321④：1）　● 石斧（M353：2-1）

● 石斧（M137：2-1）　● 石锛（T3319⑤：4）
● 骨制靴形器（M279：1-12）

吴越青丘

贰

店上村遗址

一、工作缘起

　　近年来南京博物院对溧阳市上兴开发区诸多周代土墩墓进行了抢救性考古发掘，同时对周边土墩墓群和同时期遗址展开了广泛调查。其中竹箦镇店上村遗址地理位置重要，面积较大，与文献中记载的吴国城址具有密切关系。为进一步推动吴文化的深入研究，明确店上村遗址的年代与性质，南京博物院对该遗址进行了区域调查和初步勘探工作。

二、竹箦的重要
地理位置

　　竹箦镇位于溧阳西北部，茅山以东，太湖以西，南临中江，地处南北狭长通道中。中江水道是沟通长江与太湖的重要水道，也是春秋时期吴国通过人工开凿沟通长江与太湖的一条黄金水道。中江水道由皖江芜湖段出青弋江、水阳江，经高淳的固城湖入胥河，再经溧阳的中河、宜兴的南溪河（荆溪）、西氿、东氿入太湖。《史记·河渠书》载，"（中江）于吴，则通渠三江、五湖"，中江水道的开通，沟通了长江和太湖。对于春秋时期的吴国而言，中江水道是一条重要的军事、经济交通要道，也是春秋时期吴国最重要的经济命脉。

　　根据目前已有材料，吴国城址主要沿长江、中江水道和太湖分布。其中沿长江分布的城址有朱方（葛城）；沿中江水道分布的城址有鸠兹和固城；沿太湖分布的城址有吴城（阖闾城）和姑苏（木渎古城）；吴城邗（天目山城），也是沿长江和邗沟分布。《左传·哀公九年》载："秋，吴城邗，沟通江、淮。"

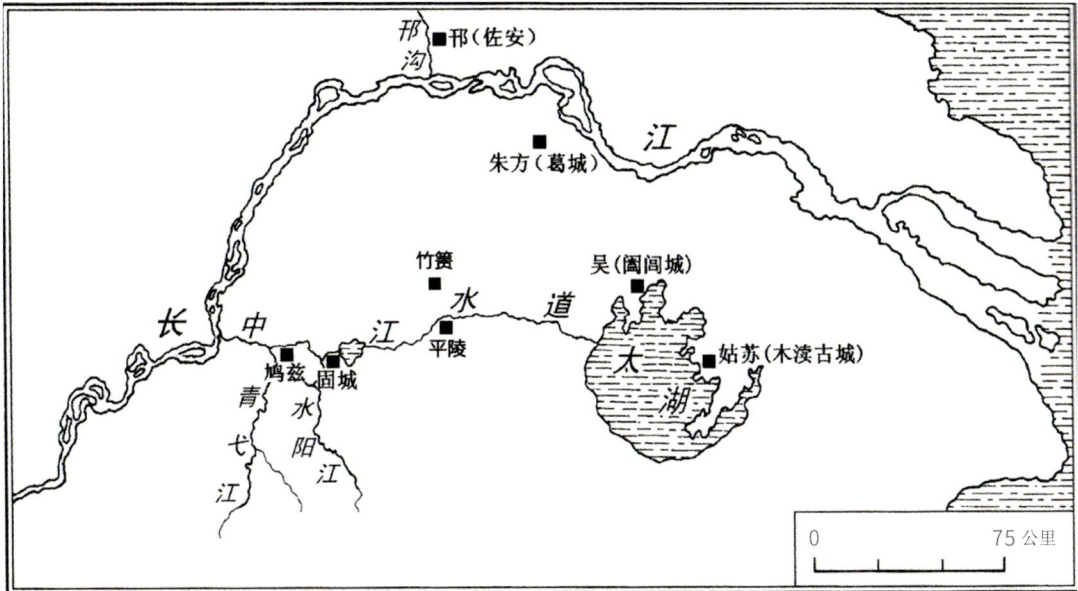

吴城分布示意图

竹簹古城遗址分布图

三、调查、勘探初步成果

（一）竹箦店上村遗址

遗址位于竹箦镇店上村。初步调查发现，该遗址面积近30万平方米，遗址周围分布密集的土墩墓群。

1.古城遗址文化层和采集标本

根据目前勘探情况，遗址范围内存在大量红烧土堆积等重要遗迹现象，文化层厚度约1米，内涵丰富，采集的陶片包括印纹陶、夹砂陶、泥质陶残片等，可辨器形有鼎足、罐口沿等，纹饰有方格纹、云雷纹、双回纹、S形纹等，时代为西周到春秋。

2.夯土范围及性质

初步勘探表明，在遗址的东、南、西、北四面均存在夯土堆积。利用现代水沟对北夯土堆积做了剖面分析。北夯土横截面大体呈梯形，现存夯土堆积长约40、宽约13、高0.8米。夯土内包含大量粗砂及陶片颗粒。夯土层内出土的陶片主要为西周至春秋时期的印纹陶、泥质陶等。经探测，夯土层下尚有1米厚的文化层堆积。初步推测，夯土堆积可能为春秋时期城墙遗存。

（二）土墩墓

经初步走访调查，竹箦镇店上村古城遗址东南、西南、西北均有密集的土墩墓分布，目前已调查的土墩墓近百座。土墩墓地表仍可见大量的周代印纹陶片等遗物。

■ 北夯土剖面局部

四、遗址意义

从文献记载来看，见于《春秋》《左传》和《史记》的吴城有"鸠兹城""固城""朱方城""濑渚邑"和"邗城"等，而目前经考古调查和发掘的吴国城址有牯牛山古城、楚王城、固城、平陵城、葛城、阖闾城、吴大城以及邗城。文献记载与考古调查发现的吴国古城址并非完全一致，明确可考者甚少。竹箦镇店上村遗址及其周边的土墩墓群或将为吴国城址研究提供实质性的考古资料。

遗址周围分布十分密集的土墩墓群，开展遗址的主动性考古发掘工作，对未来探索春秋时期吴国城址与土墩墓之间的关系，阐明吴人居住与埋葬、生前与死后的相对位置提供了十分重要的可能性。

进一步推动吴文化的深入研究，对厘清吴人族属、社会结构、生产生活方式等有着重要意义。

（杭涛 陈钰）

■ 夯土层内采集的陶片（西周—春秋）

庙山土墩墓

一、遗址概况　　庙山土墩墓位于溧阳市天目湖区吴村大队桃村庙山山脊上，地理坐标为北纬31°14.595′，东经119°23.592′，海拔高度约42米。2005年，南京博物院考古研究所对溧阳抽水蓄能电站建设征地范围内文物点进行考古调查、勘探时发现该土墩。

　　土墩沿山势堆积而成，南高北低，西高东低，东部坡陡，其他三面较缓，最高处高出周围约2米，外形呈长圆形，南北长20米，东西长35米。土墩表面长满杂树、细竹等，中部有两个长方形盗洞，周围散落有少量印纹陶片。

■ 溧阳抽水蓄能电站建设征地范围内文物点分布图

■ 土墩墓遗迹

■ 土墩原貌

■ 土墩发掘照

二、发掘经过

2009 年 12 月 18 日至 2010 年 2 月 15 日，考古队采用四分法和探方法相结合的方式对该土墩进行了发掘。按照四分法布方，土墩近中部留正方向十字形交叉的 1 米宽隔梁，西北、东北、东南、西南四个探方编号为Ⅰ、Ⅱ、Ⅲ、Ⅳ。首先清理两个盗洞，然后按照探方逐层向下进行发掘，同一层次的遗迹和文物统一拍照、绘图后提取文物，上层清理结束后再对下层开始发掘。清理完所有遗迹后，发掘至原始山体方结束田野工作，从而保证考古发掘资料的完整性和科学性。

■ 专家现场检查、指导工作

三、发掘收获

根据土质土色及地层包含物，土墩的地层可划分为 3 层。在发掘中，共发现墓葬 4 座，编号为 M1—M4。其中 M4 为主墓，M1—M3 围绕 M4 后期葬入。M4 位于土墩中心，是一座带石棺床的平地起封墓葬。墓葬呈长 7.6、宽 5.2 米的不规则形，表面较平整。一侧为石棺床，发现于第③层下，石棺床用大小不一的天然石块铺设，为不规则长方形，表面坑洼不平，南北长 6.6、东西宽 2.07 米，中间略高两侧略低。其余地方为黑灰色夹有大量石块的垫土，与土墩周围山体相接，在中心形成一个相对平整的区

■ D1 墓葬 M1

09LWMSD1M1

域。随葬品基本都位于石棺床和黑灰色垫土上，两个盗洞位于墓葬范围内。墓葬底部为西高东低的原始山体。随葬品残存18件，有印纹硬陶罐、瓿、坛，夹砂红陶鼎、甗、釜，泥质红陶钵、杯，原始瓷豆、盂等。大致成东西两排摆放，部分置于石棺床上，部分摆在垫土上。器物群9处，依次编号为Q1、Q2、Q5—Q11。从器物底部所处位置看，Q1、Q2、Q9—Q11这5组器物均位于同一层面，即原始山体上，Q8位于第③层中，其他3组则位于第②层中，器物底部位于第③层面上。

■ D1 墓葬 M2　　　　　　　　　　　　　■ D1 墓葬 M3

■ D1 器物群 Q2

■ D1 器物群 Q5

四、价值意义

通过对庙山土墩墓的发掘，发现了 4 座墓葬和 9 处器物群。从层位关系上看，M4 位于最下层，时代最早；M1、M2、M3 围绕在 M4 棺床周围，呈放射状分布，墓坑打破 M4 石棺床。9 处器物群位于不同的地层中，Q1、Q2、Q9、Q10、Q11 的器物直接放置在原始山体上，且位置靠近 M4，从理论上讲这 5 处器物群与 M4 有一定的从属关系，器物放置时间较 M4 下葬时间稍晚，时代上应相同或比较接近。而其他 4 处器物群基本上都位于原山体坡度较陡、后期堆积最厚的东南部分，器物底部所处层位晚于其他遗存，在时代上应当是最晚的。

M4 位于土墩中心区域，其他三座墓葬形制相同、规格一致，呈放射状分布于 M4 周围，处于附属地位。这种围绕中心主墓呈放射状分布的墓葬特征在以前的发掘中也多次出现过，反映的是一种特殊的文化现象。

庙山土墩墓直接修筑于山脊之上，修建以前并未对山体进行修整，不同于其他地区土墩墓先构建基础再建墓的埋葬风俗。中

● 泥质灰陶罐

● 几何印纹硬陶罐

心主墓的石棺床一方面是出于丧葬文化方面的考虑，另一方面也具有实际用途——石棺床抬高了东面较低的山体，使墓葬区域内较为平坦，防止尸体和随葬品滚落。M1、M2、M3的浅坑也是直接开挖在坡度较大的山体上，用意为降低山体坡度，从而便于安置尸体和随葬品。综上，庙山土墩墓具有较为特殊的特征，一方面是受当地文化的影响，一方面也是适应自然的一种需要。其发掘为溧阳地区古代历史文化的研究增添了新的资料，对于研究西周晚期以来溧阳地区先民的社会、经济、生活方式及丧葬习俗具有重要的意义，同时为江南土墩墓的研究提供了新的资料。

（李永军）

● 几何印纹硬陶瓿　　　● 几何印纹硬陶罐
● 几何印纹硬陶罐　　　● 几何印纹硬陶罐

子午墩土墩墓

一、遗址概况

溧阳市上兴镇地理位置优越，南北衔接茅山山麓与宜溧山地，东西串联宁镇丘陵与太湖平原，是溧阳的西部重镇，自古以来人类活动密集，地下文物埋藏丰富。子午墩土墩墓位于上兴镇子午墩村西侧，包括 3 座土墩，呈鼎足状分布，由北向南分别编号 D1、D2、D3。

二、发掘经过

为配合上兴工业园区基本建设，2018 年 3 月至 2019 年 4 月，南京博物院组织考古队员对其中编号为 D1 的土墩墓进行了考古发掘。

D1 位于 D2 西北约 30 米处，西距下姚水库约 400 米。该墩现存高度 7.13 米，墩体平面呈不规则椭圆形，东西残长 38 米，

■ 土墩发掘现场

南北残长 41 米。墩体东侧被现代房屋取土破坏，北侧被一处现代水塘破坏，有大量盗洞。

考古发掘采用"十"字布方法进行，实际发掘面积 2000 平方米。发掘过程中结合 RTK、无人机等多种手段进行测绘与三维建模。

三、主要收获

本次发掘共清理春秋时期墓葬40座、器物群3处。

（一）墓葬

D1为江南土墩墓中的一墩多墓类型，共发现春秋时期墓葬40座，编号为M1—M3、M10—M27、M29—M47，其中M27为位于土墩中部的中心主墓。除M11与M27为带墓道的竖穴土坑墓外，其余墓葬均为长方形竖穴土坑墓，环绕于土墩四周，呈现一种向心格局。出土遗物均为陶瓷器，包括夹砂陶、泥质陶、硬陶和原始瓷四大类。夹砂陶器主要是鼎、釜、器盖。绝大多数墓葬中都随葬鼎，大部分鼎底部有烟炱痕。泥质陶器主要是盆、盘、

■ 土墩T1东壁剖面局部

■ 发掘现场（南—北）

钵、罐、纺轮等。硬陶器主要为坛、罐、瓿、盂、碗等。原始瓷器主要有碗、盅、盂、瓿、杯等。原始瓷盅多成组排列成梅花状。器物纹饰有弦纹、方格纹、菱形填线纹、席纹、回纹、水波纹、戳刺纹、窗格纹以及席纹菱形填线纹组合、席纹方格纹组合等。

■ M11

■ M11 随葬器物

现以 M10、M11、M27、M43 为例，依次介绍如下：

M10　长方形土坑竖穴，直壁，底呈北高南低缓坡状。墓室长 3.02、宽 1.34、残深 0.28 米。墓向 23°。填土为黄褐色花土，土质致密。随葬器物 7 件，其中 1 件残碎无法修复。均为陶器，器形有鼎、罐、盘等。

■ M43（左）、M27（右）
■ M27 随葬器物

M11　墓室西部被现代盗洞以及一座现代墓打破。刀把形土坑竖穴，方向270°，墓口距地表2.3米。墓室残长1.15、残宽1.9、残深0.13米。墓道位于墓室东部，长4.62、宽0.94—1.07、深1.02—1.07米。填土为红褐色花土，含有淤积层，夹杂木炭颗粒、白土块等。随葬器物48件，其中2件残碎无法修复。包括陶器、原始瓷器等，器形有鼎、釜、坛、罐、瓿、盆、盘、盅、杯、器盖等。

M27　墓室中部被一现代盗洞打破。该墓为平面呈"甲"字形土坑竖穴，直壁，平底。墓室长5.1、宽2.55、深0.8米。墓室东有长条形墓道，呈西高东低的缓坡状。墓道长7.75、宽1.2—1.4米。墓道东侧有排水沟1条，长2.82、宽0.19—0.26、残深0.05—0.18米。墓向280°。填土为褐色花土。因后期盗扰严重，随葬器物仅存6件，其中3件残碎无法修复。包括陶器、原始瓷器等，器形有鼎、釜、钵形罐、豆等。

M43　与M27东西并排。长方形土坑竖穴，直壁，平底。墓室长4.7、宽2.36—1.4米。墓向280°。墓内填土为褐色花土。随葬器物14件，其中2件残碎无法修复。均为陶器，器形有鼎、釜、坛、罐、瓿、盂等。

■ M43

（二）器物群

D1 共发现器物群 3 处，均位于第②层下的土墩边缘部位，叠压第③层，出土印纹硬陶坛 3 件。

- 原始瓷盅（M12：2）
- 原始瓷盅（M11：9）
- 原始瓷盅（M11：17）
- 硬陶盂（M43：14）

四、价值意义

　　子午墩土墩墓 D1 属于江南土墩墓群中的一墩多墓类型。基于子午墩 D1 出土器物的形制、纹饰及组合，结合地层关系，初步推测子午墩 D1 的营造时代为春秋中晚期。

　　子午墩 D1 封土所呈现的"向心型辐射状分区"堆筑现象在

● 硬陶盂（M43：10）　● 硬陶盂（M43：9）
● 泥质陶盆（M11：1）　● 泥质陶（M11：39）

江南土墩墓中多次发现。"条带状放射线"由"白色土团块"层叠堆积而成，"条带"随填土增高而增高，在断面呈现出犬牙交错的现象，与金坛牯牛墩的垒筑方式基本一致。经仔细观察，堆筑 D1 墩体的"黄色团块状土包"，被一层灰黑色炭痕所包裹，这

● 泥质灰陶三足盘（M11：39）　　● 泥质灰陶三足盘（M11：35）
● 印纹硬陶瓿（M43：7）　　● 印纹硬陶罐（M11：40）

种遗迹现象与金坛牯牛墩发现的“草包泥”堆积类似。因此，我们推测，这类“黄色团块状土包”可能也是一种“草包泥”。

至 21 世纪初，江苏土墩墓的发掘和研究主要集中于镇江句容和常州金坛等地，溧阳地区的土墩墓少见发掘。本次发掘的子午墩 D1

- 印纹硬陶坛（M43：3）
- 印纹硬陶坛（M11：33）
- 印纹硬陶罐（M11：46）
- 印纹硬陶罐（M12：17）

体量较大，墓葬及相关遗迹十分丰富，向心结构的埋葬形式与句容地区西周晚期土墩墓一脉相承，并出土了一批具有特征的遗物，为探讨江南地区土墩墓的墓葬形制、时代演变及丧葬习俗提供了重要的实物资料，也为土墩营造过程与方式的研究提供了新的例证。

（陈钰 杭涛）

● 夹砂红陶釜（M43：2）　　● 夹砂红陶器盖（M11：42）

● 夹砂红陶鼎（M43：11）　　● 夹砂红陶鼎（M27：2）

蒋笪里土墩墓

一、土墩概况

　　蒋笪里土墩墓位于溧阳市上兴镇上城村南原蒋笪里村东侧高岗台地上，当地人称"蒋笪山"。其地西北距上兴镇约 3.5 公里，东南距溧阳市区约 21 公里。中心地理坐标为北纬 31° 30′ 17″，东经 119° 17′ 45″，海拔高度 5.87 米。土墩于 2017 年 8 月调查发现。在其南侧还发现有蒋笪里村汉墓群、蒋笪里村桥，在蒋笪里土墩墓北发现刘庄村土墩墓群、子午墩村土墩墓群及李庄村土墩墓群。

■ 溧阳上兴镇蒋笪里土墩墓位置示意图

　　蒋笪里土墩墓西侧紧邻国道 G104，呈馒头状，底径 40 米左右，现存高度 4.5 米。总面积 985 平方米，表面植被已被砍伐，墩体盗扰严重。此次发掘由南京博物院考古所林留根所长总负责，周润垦副所长领队，参与人员有南京博物院高伟，技工崔宋焕、吴景军等，民工由当地村民构成。2018 年 3 月至 8 月，南京博物院对蒋笪里土墩墓进行了抢救性田野发掘工作。

■ 土墩发掘场景
■ 土墩远景

二、发掘经过

发掘之初，先对江南土墩墓的发掘与研究资料进行了整合梳理，并结合溧阳上兴及周边土墩墓的相关土墩遗存的分布状况，确定土墩墓的发掘思路。从土墩墓的堆积层位、堆积形状及遗迹分布等方面着手，深入认识土墩墓的营建过程、遗迹分布、祭祀现象等相关遗存性质和文化内涵。

蒋笪里土墩墓采用"十"字隔梁发掘法，分四象限开展发掘工作。根据实际发掘情况，在揭露完土墩表土层后又分别在土墩东、西两侧加设了两道窄隔梁，形成"丰"字隔梁的发掘布局，细化了发掘工作。运用全站仪、无人机等技术设备进行测绘记录，并与南京博物院古建所合作对蒋笪里土墩墓进行了三维激光扫描测绘工作，更翔实地记录考古资料。运用 photoscan 三维建模软件制作三维模型，导出正投影图像，更精确地记录发掘中的平、剖面影像。

■ 发掘区周边环境

三、主要收获

共发现遗迹现象 54 处。其中，早期墓葬 10 处、器物群 10 处，呈向心型排列，分布有序。但遗憾全部遭盗扰，根据出土硬陶器和陶瓷器的器形特征，推断蒋笪里土墩早期墓葬及祭祀器物群年代为春秋中期偏晚阶段。晚期墓葬 34 座，其中，南宋墓 1 座，清代墓 33 座。

■ 蒋笪里土墩西壁剖面图（南—北）
■ 蒋笪里土墩正投影图像

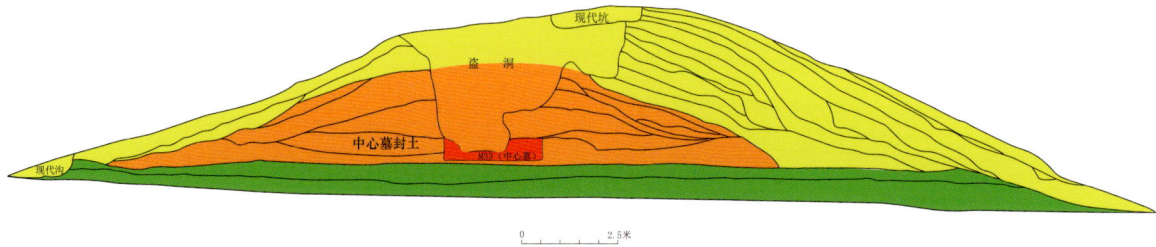

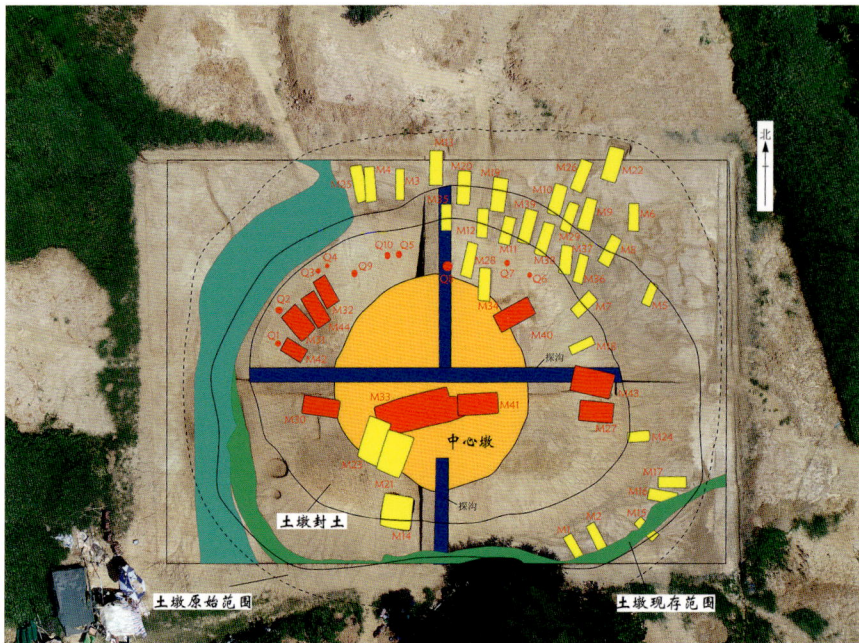

（一）春秋墓葬

共发现 10 处（M27、M30—M33、M40—M44，M41 → M33）。除中心墓 M33 墓坑较深、墓口较为清晰外，余皆为浅坑墓，单边墓口至墓角处可辨，随葬品置于墓葬边侧位置，器类以硬陶器、陶器、瓷器（原始瓷）为主，器形可辨有罐（坛）、瓿、钵、鼎、盂等，葬具痕迹不甚明显，人骨未有保留。蒋笪里土墩共发现并清理竖穴土坑墓 10 座。其中，中心墩内有墓葬 1 座，编号 M33，为中心墓，被盗扰，露出石棺床，东侧墓道被 M41 打破。中心墓外围发现 8 座墓葬，围绕中心墩平面呈向心型布局。M30 位于中心墩西南侧，M40 位于中心墩东北侧，M27、M43 位于中心墩东部外缘，M31、M32、M42、M44 位于中心墩西北外缘。从墓葬内出土遗物分析，10 处土墩墓葬时代相近，具有春秋中期偏晚阶段的时代特征。

（二）春秋祭祀群

共发现祭祀器物群 10 处（Q1—Q10），集中分布于墩体北侧外缘封土内，形成半环形向心布局。祭祀器物就地摆放，或立置，或侧放，开口层位有所不同。器形较大者多倒放侧置，器形较小者器物多正立放置，器物坑皆不甚明显。其中，3 处（Q1、Q7、Q8）体型较大器物损毁严重，5 处（Q2、Q3、Q4、Q5、Q6）器物破裂，另 2 处（Q9、Q10）器物保存较为完整，未有刻意损毁的迹象。祭祀器物群是春秋土墩营建过程中的祭祀遗存，与春秋墓葬时代特征一致。

● 印纹硬陶瓿　　● 印纹硬陶瓿
● 印纹硬陶罐　　● 印纹硬陶罐
● 印纹硬陶罐　　● 印纹硬陶罐

● 印纹硬陶罐　　● 印纹硬陶罐
● 夹砂红陶鼎　　● 原始瓷碗
● 原始瓷碗　　　● 原始瓷碗

（三）晚期墓葬

晚期墓葬 34 座（M1—M26、M28、M29、M34—M39）。其中，南宋墓葬 1 座（被清代墓打破，M4 清墓→M25 宋墓），清代墓葬 33 座。宋代墓葬中随葬有韩瓶和青白瓷瓷碗。清代墓葬皆为竖穴土坑墓，墓向朝向墩体顺序分布，整体排列规则。出土器物较少，以乾隆通宝、康熙通宝等铜钱为主，少数有瓷碗、釉陶壶随葬。

四、初步认识

通过此次发掘，明确了蒋笪里土墩的堆积、营建过程。蒋笪里土墩所在区域地势高亢、视野开阔，人们有意识地选择在高岗台地进行地面平整和加垫，形成较为平坦的垫土层。而后聚土成堆，开始中心墓的规划与营建，铺设石棺床和祭祀建筑，进行焚烧祭祀等活动，其后封土成墩。围绕中心墓埋入多座墓葬，层层埋墓，层层封土和叠压。在封土过程中，在墓葬外围瘗埋各类祭祀器物群。最后再进行封土，最终完成了蒋笪里土墩的营建过程。之后，汉代人选择在土墩南侧营造墓葬，形成了颇具规模的墓葬群，南宋墓葬和清代墓葬则密集分布在土墩之上和外缘位置。及至今日，仍有大量现代墓葬紧靠土墩南侧和东侧分布。

（高伟）

● 陶纺轮

上姚后王土墩墓群

一、土墩概况

上姚后王土墩墓群位于溧阳市上兴镇上姚村后王自然村南250米处。东南距上兴镇政府约 2.8 公里，东北距宁杭高铁瓦屋山高铁站约 1.8 公里，东有 104 国道，南临长深高速，北为 314 省道。土墩墓群中心地理坐标为北纬 31° 33' 4.33"，东经 119° 15' 5.47"。第三次文物普查中被列为文物点。后王土墩墓群原地貌为突出于周边平坦地势的三个土墩，其上有树木、耕地和现代坟茔。

■ 溧阳市后王土墩墓位置图

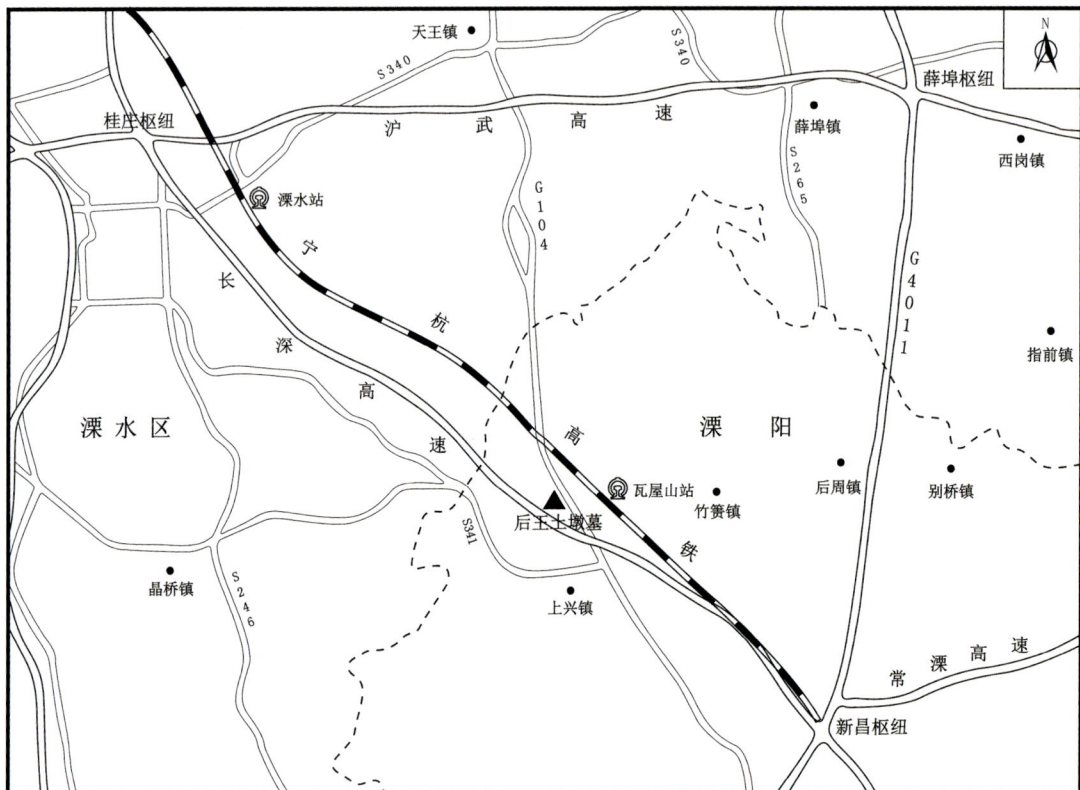

■ D1—D3 航拍

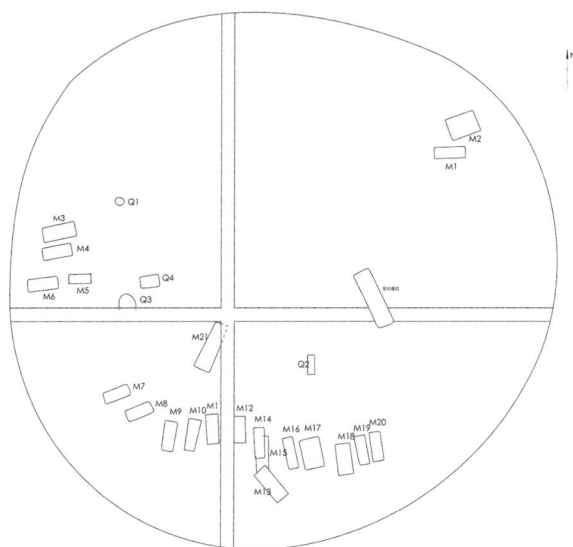

■ D1 航拍及总平面图

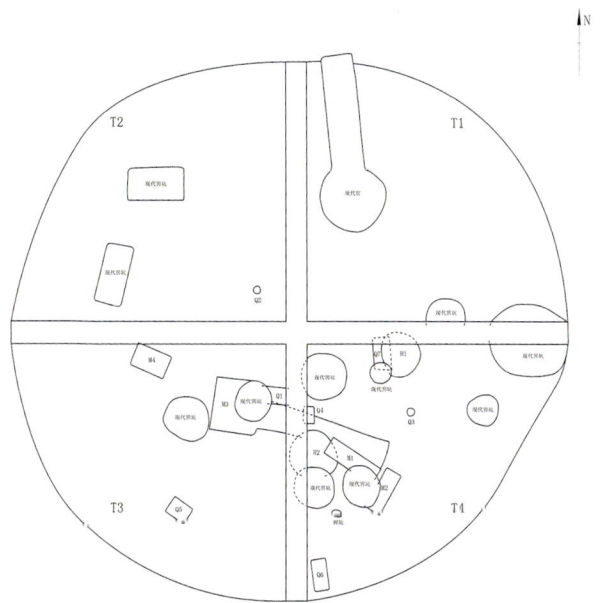

■ D2 航拍及总平面图

二、发掘经过

2019 年溧阳市建设上姚殡仪服务中心,将占用土墩墓群所在地块。为配合工程建设工作,经国家文物局批准,南京博物院组织考古队对建设地块开展发掘工作。南京博物院考古研究所马永强出任队长,队员有徐勇、周恒明、史骏、张伟、吕真理、潘明月、魏胜云、刘乃良等人。后王土墩墓考古队从 2019 年 12 月进驻工地开始清表。由于 2019 年 12 月到 2020 年 1 月雨水天气过多,未对土墩墓本体进行发掘。2020 年 3 月考古队正式布方发掘,至 2020 年 4 月底现场发掘工作结束。实际发掘土墩墓 3 座,发掘面积约 2600 平方米。

三、主要收获

经过清表,呈"品"字形分布的后王土墩墓群轮廓展现出来,均呈不规则的馒头形。分别编号 D1—D3。

- D2 器物群 Q6
- D2 器物群 Q5
- D2 器物群 Q1
- D2M1

20LHD2Q6

20LHD2Q5

20LHD2Q1

20LHD2M1

（一）后王D1

D1呈椭圆形，中间高四周低，东部和北部坡度较缓，南部和西部坡度较大。土墩东西底径26、残高1.8米。D1由于砍伐树木和迁葬破坏严重，现生土层以上残剩地层4层。墩体表土层下发现20座明清时期的晚期墓葬，主要位于南部斜坡上。墩体内发现的早期遗迹有器物群4处、墓葬1座，分别编号D1Q1、D1Q2、D1Q3、D1Q4、D1M21。D1M21位于D1中部偏南。墓葬开口遭到取土破坏，裸露地表，为竖穴土坑墓。平面为不规则长方形，南宽北窄，直壁，底部南高北低。填土为红褐色黏土，较致密。墓室长3.6、宽0.92—1.25、残深0.3米。方向210°。随葬器物位于墓室南部和中部，共12件，包括原始瓷碗6件、陶瓿1件、陶釜1件、陶坛4件。

（二）后王D2

D2地表保存状况较好，生土层以上共有3层。D2东西底径25、南北底径24、高1.2米。土墩位于略高于原地表的土岗上，周边地势平坦，西北方向有一个低洼的水塘。D2经清表后残留有十几处现代窖坑，或圆或方，在东北部还有一座现代砖窑。据当地村民所述，以前在土墩上耕种挖坑，曾挖到过破碎陶罐和原始瓷碗。D2考古发掘中一共发现器物群7处、墓葬4座，分别编号为D2Q1、D2Q2、D2Q3、D2Q4、D2Q5、D2Q6、D2Q7、D2M1、D2M2、D2M3、D2M4。M3横跨T3和T4，开口于第②层下。墓葬平面呈"甲"字形，由墓室和墓道组成，墓道居东。方向106°。墓道平面呈长方形，直壁，底部不平整，中部凸出，两端较低。墓道被M1、Q1、Q4、H2和现代窖坑打破。长6.08、宽约1.2、深0.12—0.4米。墓室近方形，直壁平底。东北部被现代窖坑打破。东西长2.2、南北宽2.4、深0.4米。墓道和墓室填土相同，深褐色黏土，土质致密，纯净。墓内发现随葬器物 11 件。其中 10 件位于墓道末端，分别是鼎 1 件、釜 1 件、瓿 2 件、罐 3 件、器盖 2 件、钵 1 件。墓室北壁下出土大口器 1 件。瓿和两个器盖分别倒扣在罐、鼎、钵上。D2Q5 的陶釜内有序摆放着双孔石刀、双孔陶刀和铜块。

（三）后王 D3

D3 位于 D1 西南侧，经过布方发掘，发现土墩被破坏至生土层，现有墩体大部分为翻挖回填扰土，扰土中发现少量印纹硬陶片，纹饰有菱形填线纹、席纹等，未发现重要遗迹。

● 原始瓷盅（D2Q6：5）　　　　● 原始瓷盅（D2 ①：3）

- 印纹硬陶坛（D1M21：10）　　● 原始瓷碗（D1M21：7）
- 印纹硬陶坛（D1M21：1）　　● 原始瓷碗（D1M21：6）
　　　　　　　　　　　　　　● 原始瓷碗（D1M21：3）
　　　　　　　　　　　　　　● 原始瓷碗（D1①：3）

● 夹砂陶釜（D1M21∶5）　　● 双系陶罐（D1Q1∶2）

● 夹砂陶鼎（D2M3∶5）　　● 夹砂陶鼎（D2M2∶1）

● 夹砂陶鼎（D1①∶6）　　● 泥质陶钵（D2M1∶2）

- 泥质陶钵（D1Q2：3）
- 印纹硬陶瓿（D2M3：7）
- 印纹硬陶瓿（D1M21：11）
- 印纹硬陶瓿（D2Q7：1）
- 印纹硬陶瓿（D2M2：6）
- 印纹硬陶瓿（D1①：5）

四、价值意义

此次抢救性考古发掘工作共发现 3 座土墩墓，其中两座土墩墓遭到严重破坏。经过科学的考古发掘工作，发掘了一批墓葬和器物群，出土了铜块、石刀、原始瓷器、印纹硬陶器、红陶、灰陶、黑皮陶等众多文物，根据器形、纹饰及墓葬形制初步判断，后王土墩墓群的年代应在春秋晚期至战国早期阶段。

此次土墩墓考古发掘获得了一批土墩墓中的珍贵文物，为探索溧阳地区地域文明，充实溧阳文物资源，保护溧阳文化遗产，作出一定的贡献。溧阳土墩墓中首次发现金属器和生产工具有意识地安放在一起，这将为溧阳土墩墓研究打开一个新的突破口。

（徐勇 马永强 史骏）

● 双孔石刀（D2Q5：2）

杨家山土墩墓群

一、土墩墓群概况

2017 年 6 月，南京博物院联合常州博物馆、溧阳市文物管理委员会对溧阳至宁德高速公路进行考古调查、勘探，发现观山北遗址、杨家山土墩墓群等 8 处文物点。其中，杨家山土墩墓群位于溧阳市社渚镇新塘村下田舍组东北约 300 米，北临乡村公路，东侧为养鸡场，南距 S360 道路约 500 米，西北距 S239 道路约 970 米。杨家山土墩墓群分布范围较广，位于高速线路范围内的土墩墓有 4 处，分别编号 D1、D2、D3 和 D4。

■ 杨家山土墩墓群原貌图

二、考古发现

杨家山土墩墓群周围地势平坦，地表为松树林，并有少量水塘和稻田。杨家山土墩墓群的考古发掘工作开始于 2020 年 4 月，11 月底野外发掘工作全部结束。4 座土墩墓共发现遗迹 51 处，其中春秋时期墓葬 18 个、器物群 30 处，汉代窑址 2 座，宋代窑址 3 座，出土各时期文物共计 300 余件。

（一）杨家山 1 号墩

1 号土墩墓平面形状大致呈椭圆形，南北稍长，约 24 米，东西略短，约 22 米，土墩高约 2 米，面积约 430 平方米，文化层厚 1—3 米。D1 为一墩多墓，共清理墓葬 5 座，除中心主墓外，

■ 杨家山土墩墓群 D1—D3 相对位置示意图

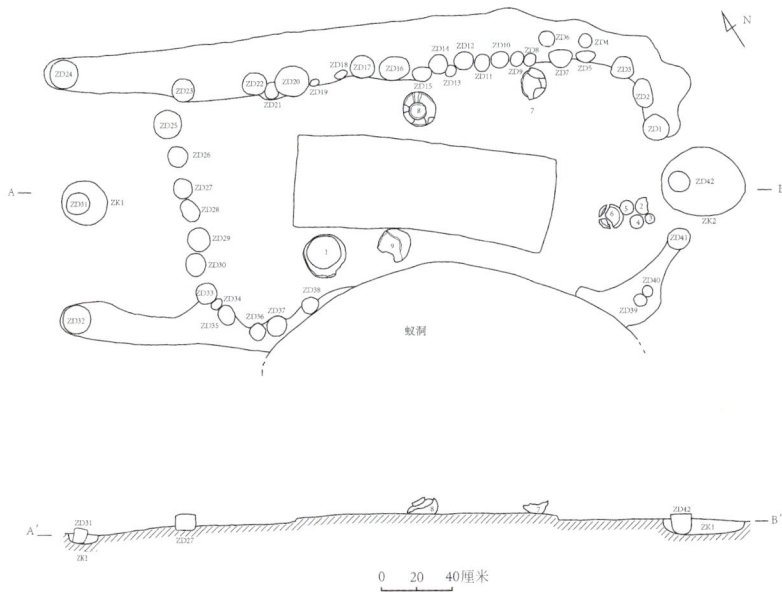

0   20   40厘米

■ D1M5 平、剖面图

■ D1 主墓 M5 及其随葬品

20LSYDIM5

其余墓葬主要集中于第四象限中，呈向心型分布，另发现器物群8处。墓葬和器物群中共出土文物44件，器类以几何印纹硬陶坛、几何印纹硬陶罐、泥质灰陶罐、夹砂红陶釜、夹砂红陶鼎及原始青瓷器为主。

M5 位于D1中心位置，南侧被蚁穴破坏。M5周边发现柱洞1圈，共计37个，整体呈东南—西北走向，部分柱洞内残留木柱痕迹，柱洞深浅不一，且位于基槽内。通过解剖发现，南北两侧柱洞均内斜，基槽剖面呈锅底状，可断定M5存在"人"字形木椁。木椁内为M5放置随葬品和葬具区域，发现棺痕迹象，平面为长方形，略高于垫土2—4厘米，随葬品放置于棺痕外侧，共计9件，有几何印纹硬陶坛、硬陶盂、青瓷豆、青瓷碗、灰陶罐以及夹砂陶鼎和陶盘等。M5是D1的中心主墓，年代最早。

（二）杨家山2号墩

2号土墩墓遭破坏严重，平面极不规则，东西约24米，南北约20米，残高1.5米，面积约376平方米，表面布满杂草和树木。土墩保存情况极差，顶部被推平，北、西、南侧均被破坏，西南表面散落大量瓦片、瓷片，可辨器形有板瓦、瓷碗、韩瓶等。

D2为一墩多墓结构，已清理春秋时期墓葬4座、器物群10处，宋元时期窑址3座。土墩墓中的器类以几何印纹硬陶坛、几何印纹硬陶罐、泥质灰陶罐、夹砂红陶釜、夹砂红陶鼎及原始青瓷器为主。3座窑址破坏了D2整个西南区域，Y1、Y3清理出土大量破碎瓷片，Y3结构相对完整，但未发现产品残留。

M1 位于第四象限北侧隔梁内，开口于第①层下，打破第②层和第③层，浅坑竖穴，圆角梯形，近东西走向，长约22.4米，宽1.1—1.25米，残深0.2—0.3米。随葬品有青瓷碗3件、印纹硬陶罐2件、红陶釜1件、牛舌形陶支脚3件等。

Y1 位于第三象限东南部，马蹄形馒头窑，窑顶完全坍塌，目前保留窑床、火膛、烟道及部分窑壁。共出土可修复标本18件。

Y3 位于第三象限西南角，整体形制与 Y1 相似，平面呈马蹄状，顶部坍塌，四周窑壁保存较高。出土可修复标本 71 件。

（三）杨家山 3 号墩

3 号墩墩体保存很差，南北长约 22 米，东西宽约 15 米，残高约 0.5 米，面积约 260 平方米。墩体表面布满杂草和树木，保存情况极差，顶部基本被推平，北、东、南侧均被破坏。D3 发现墓葬 1 座（M1），器物群 4 处。遗物主要有几何印纹硬陶罐、泥质陶罐、陶盂、夹砂陶鼎和青瓷器等。

M1 位于 D3 中间位置，平地掩埋，有石棺床，石床采用不规则石块堆放而成，摆放并不整齐，部分石块凸棱朝上，石床东西长约 4 米，宽 1.3—1.6 米，厚约 0.1—0.2 米。随葬品放置于石床上，共随葬器物 7 件，均为陶盂。

（四）杨家山 4 号墩

4 号墩南北残长 23 米，东西长约 20 米，残高近 2.2 米，面积近 460 平方米。勘探发现文化层堆积较厚，见灰白色高密度

■ 2号墩 M1

砂土。D4 共清理墓葬 8 座，其中 M8 为主墓，揭露器物群 8 处。另有汉代窑址 2 座，保存较差。

M8 位于 D4 中心，为中心主墓。竖穴土坑，东西走向，墓向 272 度。平面呈不规则圆角长方形，直壁平底。东壁近直，西壁略弧，东西长约 4.3 米，宽约 0.8—1.3 米，浅坑深约 0.08 米。M8 存在单独封土，封土与墓内填土一致，青灰色砂黏土，土质较细腻，封土呈馒首状分布，南北约 3.8 米，东西约 5.2 米。M8 随葬品放置于墓坑内东侧，呈东西向摆放，共计 13 件，包括硬

■ 2 号墩 Y1

陶罐 3 件、泥质红陶鼎 2 件、红陶釜 1 件、灰陶钵 1 件、硬陶盂 2 件、青瓷碗 4 件。

　　Y1　位于 D4 西南部，东北侧为 Y2。开口于第①层下，打破生土。主体由窑室和操作间组成，其中窑室又包含窑床、火膛、火口以及保存部分的窑壁。窑室呈马蹄状。出土遗物以模印砖为主，模印砖花纹以侧面模印重环纹、大乳钉等为主，青灰色，长约 22 厘米，宽 14 厘米，厚 5—6 厘米。该模印砖常见于东汉时期墓葬中。

■ 2 号墩 Y3

三、考古收获

　　杨家山土墩墓群的考古发掘是配合溧宁高速公路（江苏段）占压范围内文物点的抢救性考古发掘和保护工作。杨家山土墩墓群的考古发现，以东周墓葬和器物群为主，其中 D2 清理宋元时期窑址 3 座、D4 揭露汉代窑址 2 座。

　　土墩墓是江南地区青铜时代特有的墓葬形式，是江南地区分布最广、保存最好、最为典型、最具土著文化特色的周代遗存。土墩墓流行于长江中下游，广泛分布于苏南、皖南、浙江、福建和江西地区。对杨家山土墩墓群的考古发掘，清理出土大量文物、标本以

■ 3号墩 M1

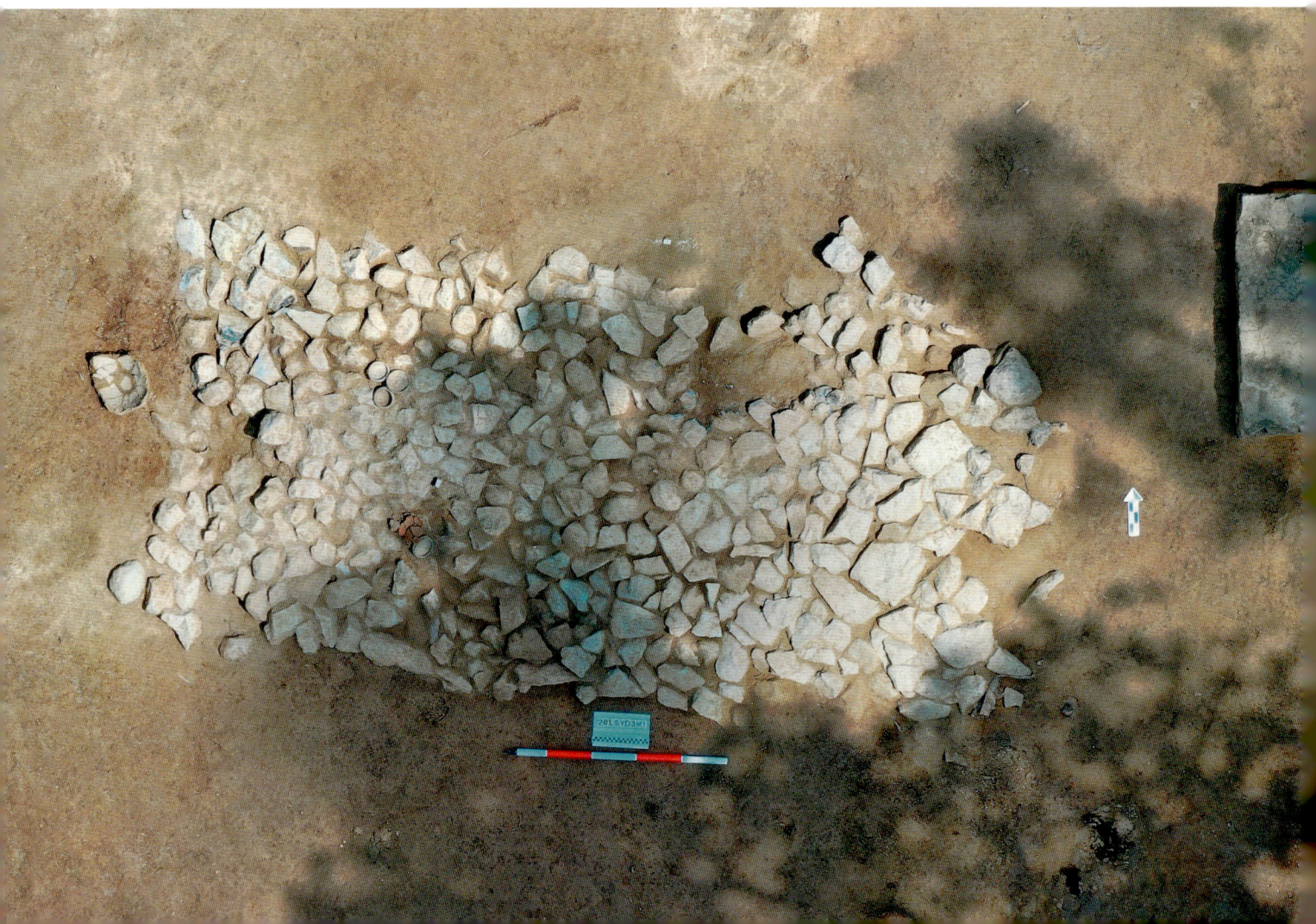

及新发现遗迹现象,广泛涉及该地区古代人民生产、生活、丧葬、礼仪等众多方面的社会现象,为考古研究、历史探索、社会关系、埋葬制度等提供了更多翔实的物质资料。

(曹军 葛昕炜 花纯强)

■ 4 号墩 M8 及其随葬品

刘庄村土墩墓群

2021 年度

一、墓群概况　　刘庄村土墩墓群位于溧阳市上兴镇原刘庄村东部的高岗台地上，南北向散落排开，跨度约350米，原有土墩 8 座，高 2—8 米不等，均呈馒头形，总面积 9329 平方米，自南向北编号为 D1—D8，其中 D6、D7 遭施工破坏，现仅存 6 座。

■ 刘庄村土墩墓群周边要素一览图

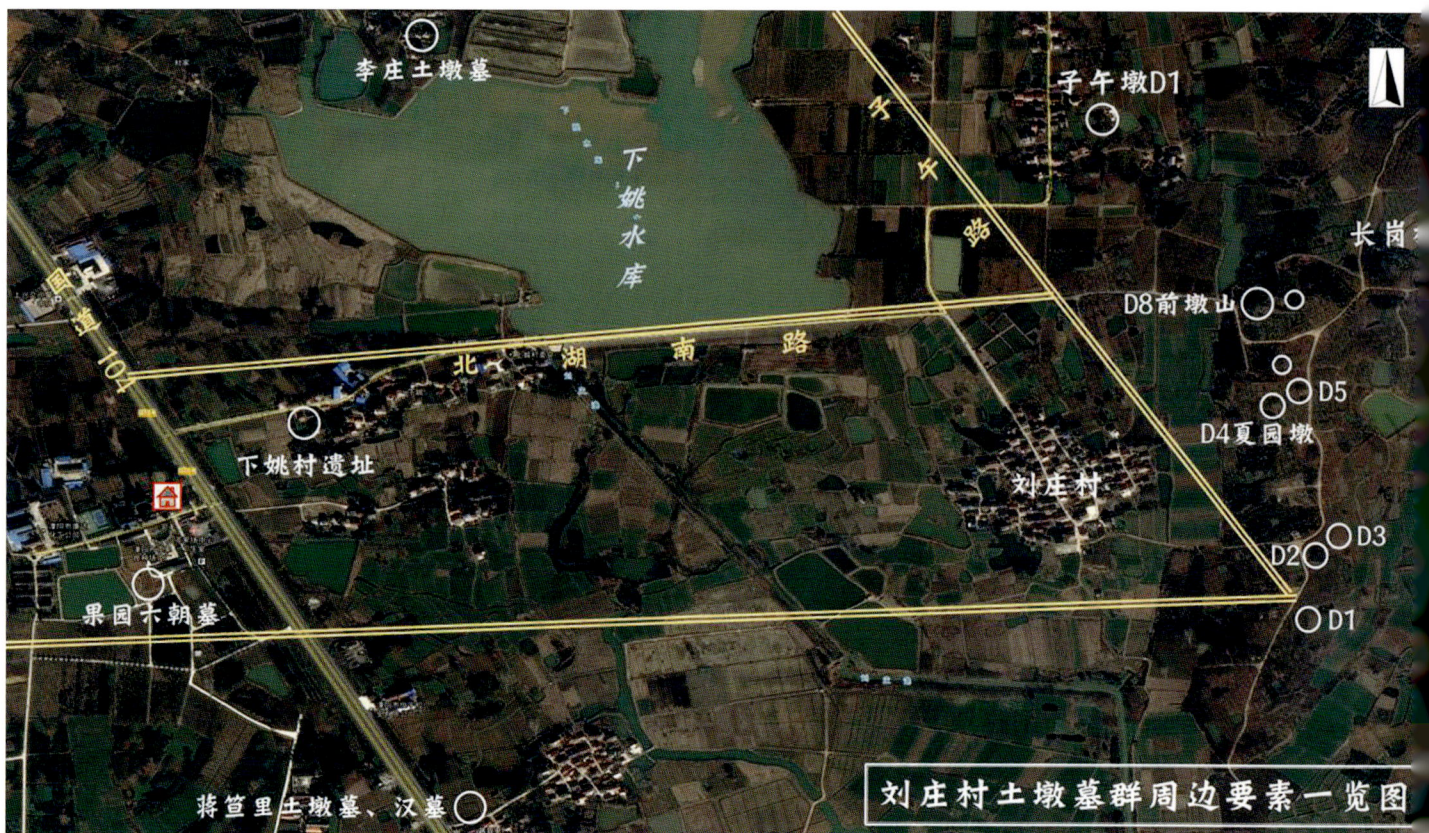

刘庄村土墩墓群周边要素一览图

二、发掘经过

随着溧阳市经济开发区战略体系的调整，上兴镇已成为主要拓展区域，经济建设与文物保护的矛盾逐渐凸显出来。2017 年 8 月，上兴镇工业园区在平整土地过程中发现刘庄村土墩墓群，江苏省文物局委托南京博物院对其进行考古调查与勘探，并完成报告。

2020 年，南京博物院联合溧阳市博物馆对刘庄土墩墓群 8 座土墩墓中的 D4、D5 和 D8 进行考古发掘。

三、发掘收获

（一）刘庄土墩墓群 D4

D4 位于土墩墓群中部，东北紧邻 D5。墩底平面呈不规则椭圆形，东西 29 米，南北 24 米，高约 3 米，海拔 16.67 米。当地

■ D4①层下

俗称"夏园墩"。墩体破坏严重，有大量现代盗洞。

2021 年 5 月，D4 考古发掘工作正式开始，目前发掘工作已近尾声。D4 为江南土墩墓中的一墩多墓类型，已发掘春秋时期墓葬 23 座，器物群 3 处。出土陶器、原始瓷器、绿松石等各类文物 100 余件（套）。

M1 位于 D4T1 西南部，开口于第①层下。长方形土坑竖穴，直壁。墓室长 3.1、宽 1.45、残深 0.5 米。墓向 248°。填土为灰褐色花土，土质稍松。随葬器物 5 件，均为陶器。

M9 位于 D4T2 东北部，开口于第③层下。长方形土坑竖穴，直壁。墓室长 2、宽 1.2、残深 0.33 米。墓向 170°。填土为红褐色花土，土质稍松。随葬器物 12 件，包括陶器和原始瓷器。

■ D4M9

　　M21　位于 D4T3 中部，开口于第③层下。长方形土坑竖穴，直壁。墓室长 2.5、宽 1.7、残深 0.2 米。墓向 75°。填土为红褐色花土，土质稍松。随葬器物 5 件，均为陶器。

　　M22　位于 D4T3 东隔梁下，开口于第③层下。长方形土坑竖穴，直壁。墓室东南角被现代盗洞打破。墓室残长 2.2、宽 1.46、残深 0.25 米。墓向 25°。填土为红褐色花土，土质稍松。随葬器物 10 件，包括陶器和原始瓷器。

　　根据 D4 出土器物的形制、纹饰及组合，并结合地层关系，可初步推断上兴刘庄土墩墓群 D4 的年代为春秋中晚期。

■ D4M9 出土瓷盖碗

■ D4M22

■ D4M22 出土器物

■ D4 出土器物照

（二）刘庄土墩墓群 D5

D5 位于 D4 东北，D8 南侧，是一座形状较规则的馒首形土墩。墩体南北直径 27.4 米，东西直径 30.3 米，高 2.9 米，海拔 19 米。2021 年 9 月，D5 正式开始发掘。为避开盗洞，布设探方

■ D5 航拍照

时设置了"廿"字形隔梁，宽度均为一米。各探方保持相同进度逐层向下清理。在清理完墩体表土堆积后，陆续把盗洞与近现代的扰土堆积清理完毕，目前正在清理土墩晚期堆筑阶段的堆积，暂未发现明确的墓葬、器物群等遗迹。

　　土墩遭受了严重的盗掘与生产活动的破坏。墩体表面布满大小深浅不一的盗洞，墩体底部则因人为取土行为而缺失严重。密布的盗洞为发掘提供了充足的剖面，可以看出墩体较明显的人工堆筑过程，目前可分为三个阶段：最早期的墩体由比较纯净的灰白花土组成，其中夹杂水平状分布的红土，应该是草包泥堆筑方式的体现；早期墩体上叠压着数层棕红色或深灰色、较致密、带有铁锰结核的砂质黏土，可能是用附近的生土加工得来；晚期阶段的堆积并不一致，主要是灰白色纯净的粉质黏土，在部分区域又叠压了一层黄褐色粉质黏土。

■ D5 出土器物照

（三）刘庄土墩墓群 D8

D8 位于刘庄村土墩墓群的最北端，墩体庞大，平面形状呈长椭圆形，东西 50 米，南北 35 米，高约 7 米，海拔 21 米，是刘庄村土墩墓群中体量最大的一个，老百姓俗称"前墩山"。

前墩山土墩墓地层堆积层次较清晰，结构较明了。墩内偏西北部存在一个白土墩，然后逐渐向东堆筑扩展，加高加大。截至 2021 年 12 月，已发现墓葬 6 座，都位于前墩山东部外围，墓葬被盗扰严重。M6 为封土墓，其余均为土坑墓；器物群 1 处，位于白土墩北侧。从出土器物的特征来看，墓葬年代大约在春秋中晚期。

在前墩山东半部第②层下发现 H1，平面形状大致为亚腰方形，方向 110°，东西长约 11 米，南北宽约 7 米，深约 0.65 米。该坑南北两侧各发现两条弯曲的小沟，G1、G2 位于北侧，G3、G4 位于南侧。

在白土墩内发现疑似墓葬一座，东西长约 12 米，南北宽约 3 米，被盗扰严重。

（于成龙 陈钰 贺亚炳）

■ D8 清表后（南—北）

■ D8 内部白土墩与周围遗迹关系示意图

■ D8 主墓俯视图

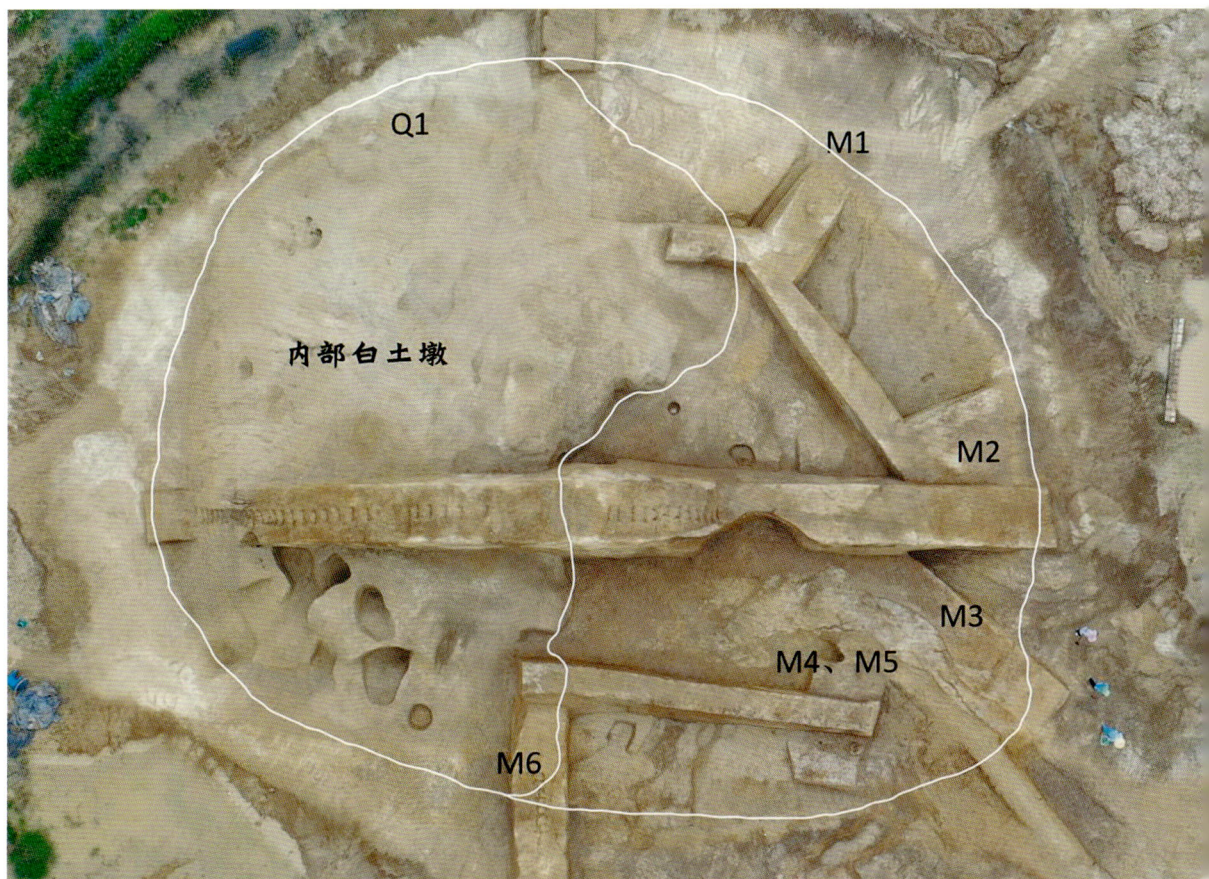

■ D8 南剖面

■ D8 东剖面

◎ 蒋笪里汉代墓地

◎ 青龙头墓地

汉家重光

蒋笪里汉代墓地

一、墓地概况　　蒋笪里汉代墓地位于溧阳市上兴镇经济开发区，西北距上兴镇约 3 公里。墓地位于一块东西向的岗地上，岗地向西延伸至 104 国道，东北部有蒋笪里土墩墓。原地表主要为耕地，104 国道东边原建设有民房。

■ 蒋笪里墓地位置示意图

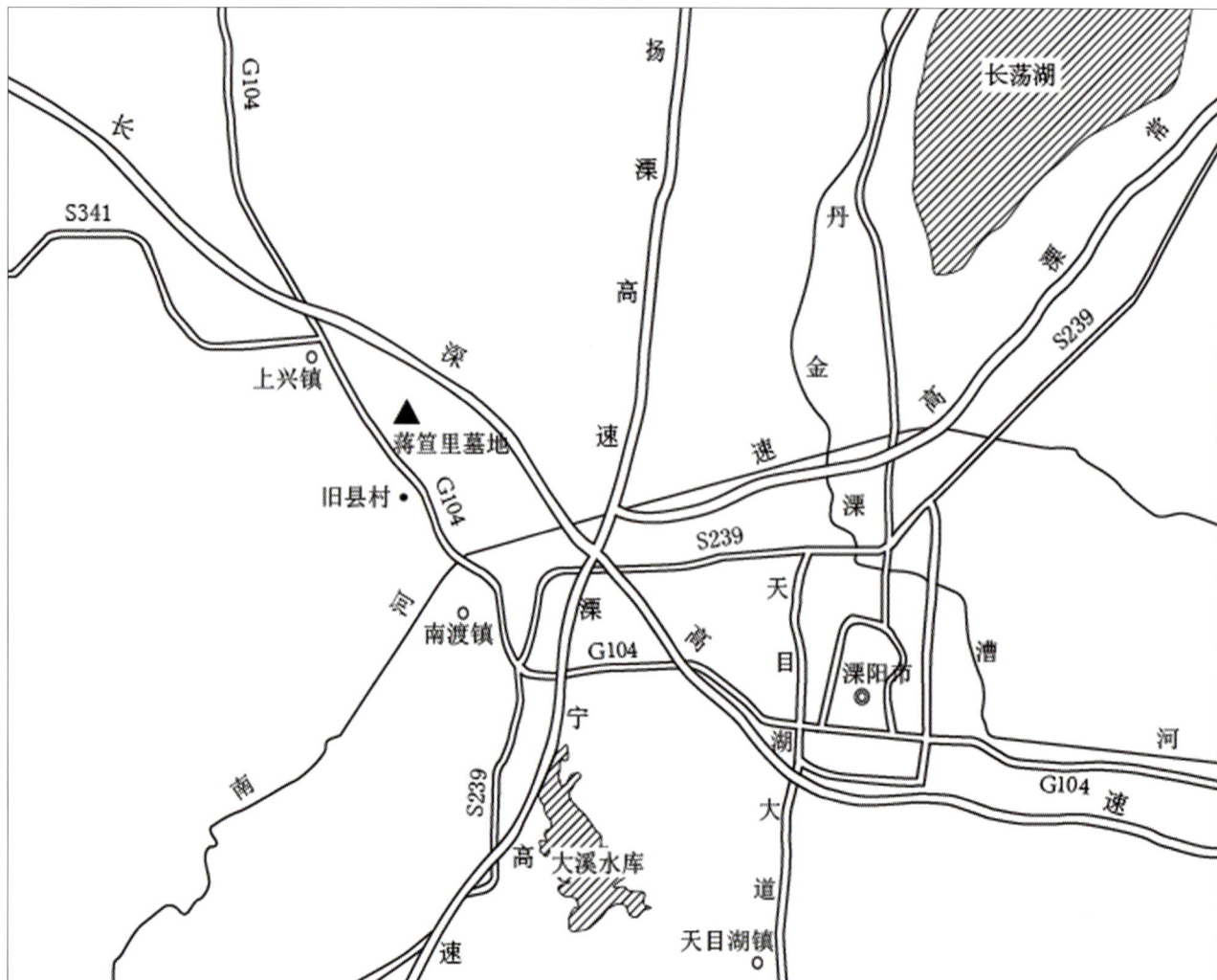

二、发掘经过

因上兴镇经济开发区用地建设需要，在对原有居民房屋拆迁和土地平整过程中发现墓葬。南京博物院考古研究所和溧阳市博物馆组成联合考古队，南京博物院考古研究所马永强出任队长，队员有徐勇、史骏、周鑫、潘明月、吕真理、魏胜云、刘乃良、刘传明等人。考古发掘工作从2018年2月开始，至同年6月底结束。

三、主要收获

蒋笪里墓地经过勘探，初步发现44座墓葬，分别编号M1—M44。经发掘，共清理了37座墓葬，根据葬制和随葬品判断，这些墓葬分属汉、宋、清三个时期。汉代墓葬为主体。

汉代墓葬分为砖室墓和土坑墓两种。

砖室墓2座，编号为M24、M33。皆被盗扰。M24南部有斜坡墓道，保存较好。由墓道、封门、砖室组成，墓道居南，方向187°。墓室地面铺地仅存东南部，为"一顺一丁"人字形铺地。墓室内出土钱币、陶罐各1件。

土坑墓21座。可分为带长斜坡墓道竖穴土坑木椁墓、竖穴土坑木椁墓和竖穴土坑墓三种。带长斜坡墓道竖穴土坑木椁墓共有11座：M8、M13、M16、M18、M25、M26、M28、M35、M36、M42、M44。均带长斜坡墓道，墓道居南，墓室为长方形竖穴土坑，皆严重盗扰，墓室底部局部残存有木椁。M25墓底残存木椁板上摆放有铜甑、铜釜、铜钵、铜锅、铜篚等青铜器。M35内出土器物最多，包括铜镜、叉形器、大布黄千、铜毛刷、铜箭镞、铜盒、铜矛、木车轮、漆耳杯、伞柄、铜构件、桃叶形铜饰、当卢、盖弓帽、泡钉、铜铺首、铜帽、铜环、铁剑、铜鼎足、钱币、铜壶、铁鼎、釉陶罐等随葬品共47组（件），特别是模型车马器最为珍贵。M44墓室内残存木椁及2具残木棺。竖穴土坑木椁墓仅1座：M14。位于墓地中部，墓室内残存大木椁，残长3.08、残宽1.8、残高1.06米。墓室扰土中出土少量五铢钱币和1件釉陶壶。竖穴土坑墓9座：M9、M11、M12、M15、M19、M31、M37、M38、M39。直壁、平底。盗扰严重，墓内填土为黄褐色黏土，土质较致密，夹杂有青膏泥块，包含有碎陶片。墓底残留有朽棺木板或棺痕。

■ 墓地西半部发掘后航拍

墓地西半部发掘后航拍

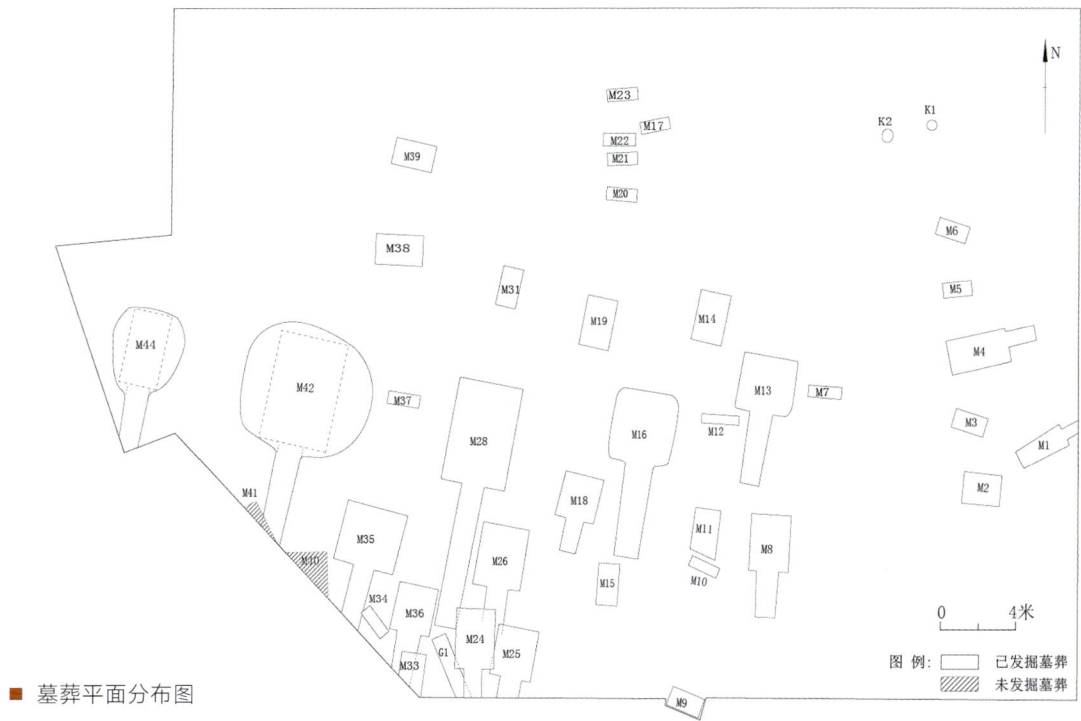

■ 墓葬平面分布图

■ M14

M24
M25

2018LJM24

■ M31

■ M35

2018LJM31

2018LJM35

■ M44

● 釉陶盘口壶（M35：44）

● 铜镞（M35：11）

● 釉陶双系罐（M24：2）　　● 铜镜（M44：6）

● 釉陶瓿（M44：9）　　● 铜镜（M35：7）

● 铜簋（M25：3）

● 铜釜（M25：10）

- 铜釜（M25：8）
- 铜钵（M25：5）

● 铜眉刷（M35：10）　　● 铜矛（M35：13、14）

● 车构件（M35：37）　　● 漆耳杯（M35：17）

● 盖弓帽（M35：24）　　● 铜帽（M35：27）

● 马衔镳（M35：31）　● 马镳（M35：32）

● 铜泡（M35：25）　● 木车轮（M35：15-1）

● 大布黄千（M35：9）　● 木车轮（M35：15-2）

四、价值意义

通过对蒋笪里汉代墓葬形制和随葬器物的分析，墓地中竖穴土坑墓年代为西汉晚期至东汉早期，砖室墓年代为东汉时期。从墓地中带长墓道的土坑木椁墓葬方向分析，此类墓葬皆南北向，墓道居南，方向相同；从墓葬的分布与排列方式来看，可分为南北三排，第一排5座（M13、M16、M28、M42、M44），第二排4座（M8、M18、M26、M35），第三排3座（M24、M25、M36），可见该汉代墓地是有一定规划设计的。因此，蒋笪里汉代墓葬区应是一处经过详细布局规划、排列有序的汉代家族墓地。

蒋笪里墓地中发现的汉代土坑木椁墓数量较多，形制相同，时代相近，皆有墓道，最长的斜坡墓道达12米，且墓室深阔，椁木宽厚，说明墓主身份较高。在M35木椁内，发现了一些车马器，未见马之痕迹。车马器均位于墓底东侧南北向横放的木板下，推测正是因为木板的遮盖才得以留存。车马器有木车轮2副、铜当卢2件、铜衔镳2组3件、伞柄1组2件、盖弓帽1组

● 铜当卢（M35：22、23）

8件等，推测该墓随葬车马器为一辆两马驾轺车之构件。由于出土的2副木车轮大小不同，不可能为同一车之用，故有拼凑之疑；且同出车马器形制较小，应为模型车马器。象征性的车马器使用时间较长，两汉墓葬均有发现。东汉早期，模型车马在高级贵族墓葬中仍有发现，但数量较少。可见，该墓墓主的身份较高。

2011年，常州博物馆、溧阳市文化广电体育局联合发掘了蒋笪里墓地西南1500米的半头墩汉墓群。其中，M9出土一枚"司马"铜官印，报告认为墓主人是西汉中后期溧阳县一位低级掾属官员。从其葬地规模、形制、木椁、埋藏深度等方面分析，蒋笪里汉代家族墓地墓主人身份应该比半头墩M9墓主身份要高，或为半头墩M9墓主的上级官员。1971年，在蒋笪里墓地范围内西部曾发现一座汉墓，出土了一些银缕玉衣片，南京博物院曾派员进行了现场勘查与确认，确定此墓主人身份可能为侯。因此，蒋笪里汉代家族墓地的墓主可能是汉代的溧阳侯及其家属。

（马永强 徐勇）

● 铜叉形器（M35：8）

青龙头墓地

青龙头墓地位于溧阳市天目湖镇古县村东南方向约 1.86 公里的一片坡地上，坡下原为大山下村庄。墓地北倚周家山、乌龟山，西靠丁家山、屏峰山，东南小河蜿蜒，宜溧山地环绕。中心地理坐标为北纬 31°22′31.80″，东经 119°28′31.50″，海拔高度约 5.1 米。

■ 溧阳天目湖镇青龙头墓地位置图

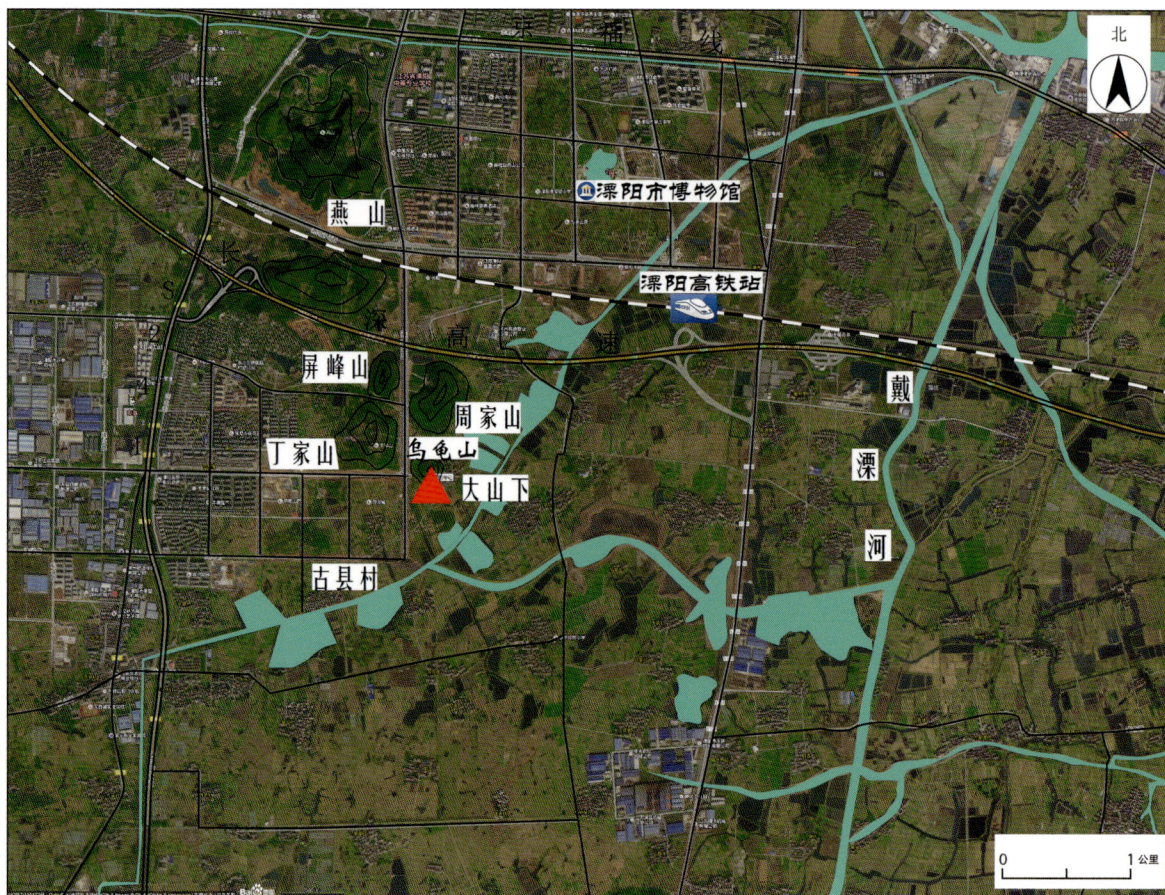

一、项目概况

2018 年 5 月下旬，南京博物院在南京航空航天大学天目湖校区的建设工地上发现了一处汉代墓地和一处唐代窑址，地表已遭到一定程度的破坏。

经南京博物院和溧阳市文物管理委员会调查确认，青龙头墓地范围东西长 70 米，南北宽 60 米，总面积约 4200 平方米。经报国家文物局批准，南京博物院及时对青龙头墓地开展了抢救性考古发掘工作。此次发掘领队为高伟，发掘人员有高伟、范育彬、朱思奇、周恒明、朱文博、史骏、霍骏春等，民工由当地村民构成。自 2018 年 7 月至 2018 年 11 月，青龙头墓地田野发掘工作已完成。

■ 溧阳天目湖镇青龙头墓地位置图

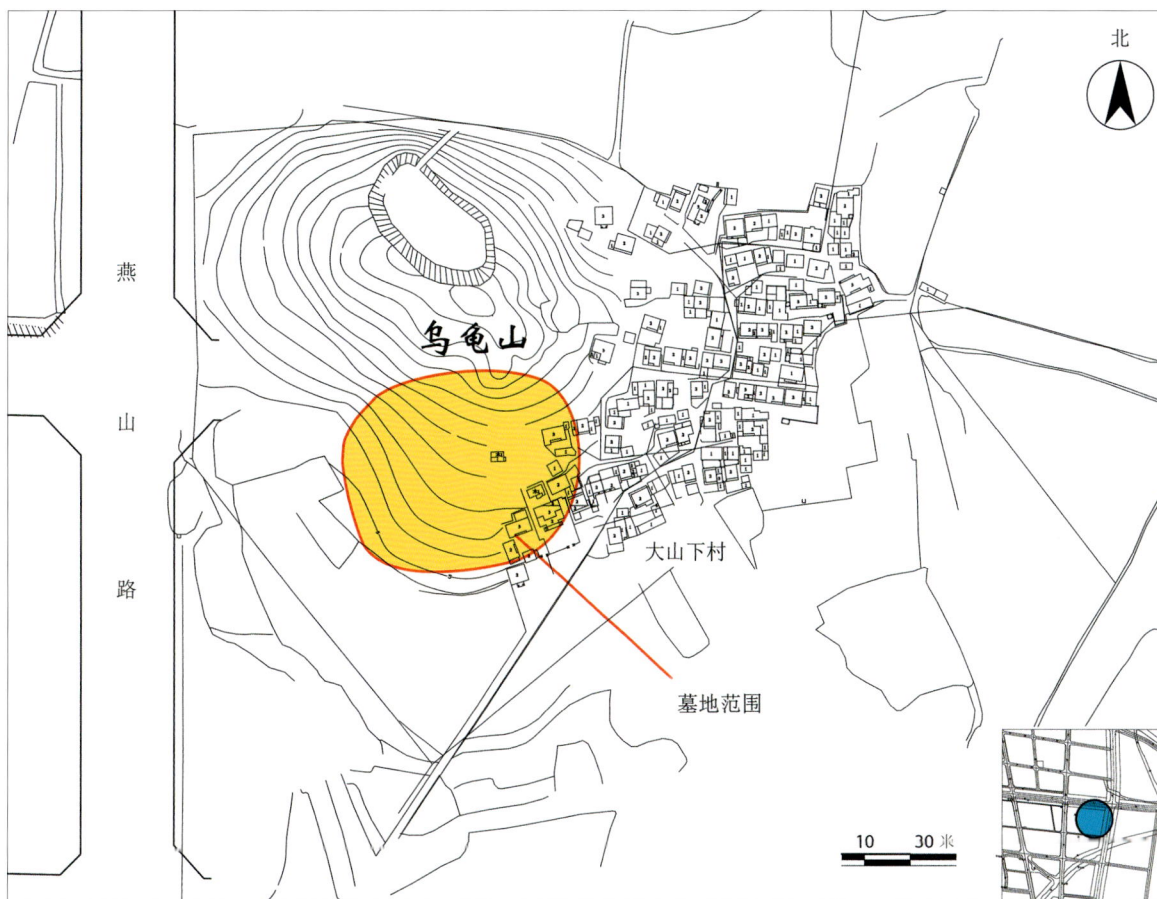

二、发掘理念

针对青龙头墓地地表遭破坏、墓葬开口基本明确的情况，发掘工作采取开放式布方法，根据山坡地势统一揭露发掘。选择南京航空航天大学天目湖校区校舍建筑西北角为发掘基点，在发掘区内整体揭露墓口，对墓葬逐个进行清理。

■ 墓地航拍

三、发掘收获

共发现并清理墓葬 48 座。其中汉代墓葬 28 座，宋代墓葬 3 座，明代墓葬 17 座。出土器物丰富，随葬器物组合较为完整，包括大量陶器、瓷器、铜器、铁器和釉陶器等。

汉代墓葬 28 座，分为土坑墓和砖室墓 2 类。其中土坑墓 17

■ 勘探工作
■ 墓地发掘

座，砖室墓 11 座，时代跨度为西汉早中期至东汉初期，整体排列有序，布局规整，相互间位置靠近，却未见明显打破关系，可见墓地为整体规划布局。墓向有东西向和南北向两种。墓葬封土保存较差，后期取土对部分墓葬造成较严重的破坏。墓葬均开口于熟土层，墓坑平面呈长方形、凸字形或梯形，口大底小，四壁内收，墓底为生土或山体基岩。墓内器物十分丰富，随葬品多集中摆放于棺椁一侧或墓内一端，以鼎、盒、瓿、壶、罐、罍、灶、釜、甑、仓、井和陶钱等陶瓷器为主，漆器大多数已朽烂，可辨漆器遗痕，与陶瓷器一起放置在棺椁的边厢内，棺内多随葬铜镜、剑、刀、琉璃璧和料珠等器。共计出土随葬器物 423 件（组）。其中，釉陶器、泥质陶器、夹砂陶器及硬陶器数量较多，按照功能的不同可分作陶礼器、日用器和模型明器三种。陶礼器主要有鼎、盒、钫、瓿、壶、罐、罍等，日用器有罐、器盖等，模型明器主要有釜、甑、灶、仓、井、陶五铢、陶麟趾金等。陶瓷器多放置于墓内一侧或一端，为墓葬内的主要随葬器物组合。铜器、铁器和其他类器物次之，根据功能的不同可分作兵器、日用器、生产生活用具和铜钱等。兵器类有剑、

■ M21 随葬器物

■ M22

■ M22 随葬器物

刀、戟、弩机等，日用器有镜、带钩、铃、鎏金铜泡、琉璃璧、料珠、黛板、研黛器、漆盘等，生产生活用具有铜盆、卮、钵、铁釜、铁锸等。铜镜、带钩、铜剑，铁刀、铁剑、琉璃璧、黛板等器物多于棺内随葬，如铜镜、琉璃璧等多置于墓主人头部位置，铜剑、铁剑等放置在腰间部位，为墓主人随身陪葬器物，其首尾方位即代表了墓主人的头向。其他铜铁器和漆盘等多与陶瓷器放置在一起。

宋代墓葬 3 座，分布较为零散，在墓地的东南部清理土坑墓 1 座，西北部发现砖室墓 2 座。3 座宋墓皆被打破，随葬器物较少，其中 1 座土坑墓内随葬有 1 件韩瓶。

明代墓葬 17 座，散布于墓地的西北部、中部和东南部，呈小范围聚集特征，多以 2—3 座墓葬集中埋葬，墓向一致，排列有序。墓葬形制有土坑墓、砖室墓和石室墓三类，共出土器物 33 件（组），器形有瓷碗、韩瓶、铜镜、铜钱、发簪、戒指、耳勺、冥钱、饰件等。

■ M28 随葬器物

■ M35 及随葬器物

四、初步认识

青龙头墓地考古清理出较为完整的汉代至宋明时期墓地，墓葬数量较多，形制多样。汉墓中的随葬器物组合基本完整，具有历时的演变序列；宋明墓葬时代特征鲜明，突出反映了其时社会的发展变化。青龙头墓地西南1.86公里为古县遗址，墓地对应的居址当为古县遗址。根据相关文献考证与地理位置分析，古县遗址为三国、南朝永平县、永世县县治所在地，遗址内发现有丰富的春秋时期、汉代、魏晋南北朝及宋元明清时期的遗存。此次发掘青龙头墓地清理的汉代墓葬时代跨度上从西汉早期至东汉初期，一定程度上反映了汉代古县社会的丧葬习俗；其中M21、M28、M35等墓葬规格较大，分布集中，出土文物丰富，或代表了其时古县社会的大宗望族。唐天复三年（903年）以后，溧阳县治由旧县迁至现在的溧城镇，古县一带偏离城市中心，渐渐成为溧阳城西南一隅的村落。宋明时期的墓葬分布零散，规模不大，出土文物较少，与古县后来的村落社会是相印证的。

总之，青龙头墓地的发掘，为深入研究本地区的社会历史文化、积极探索溧阳地区的历史沿革具有十分重要的价值和意义。

（高伟）

■《2019考古进行时·溧阳大墓》

内容提示
《2019考古进行时》第一季《溧阳大墓》

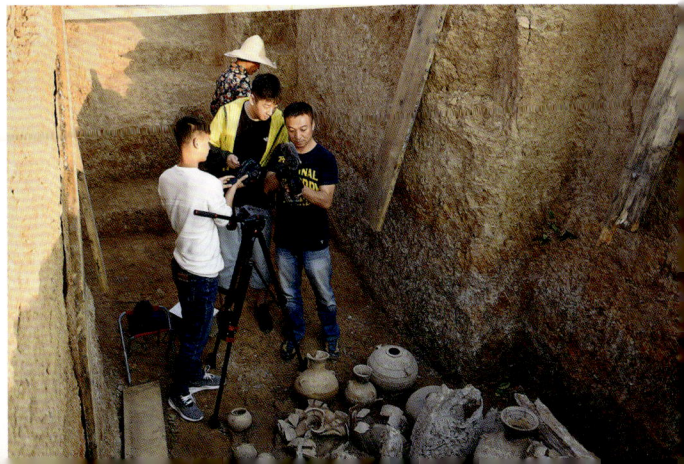

● 釉陶盒　● 釉陶壶
● 釉陶鼎　● 釉陶盒

六朝风华

古县遗址

■ 古县远景

　　古县遗址位于溧阳市天目湖镇古县村，地处溧阳市南 7.5 公里。遗址北倚燕山，南临茶亭河，分布范围北至滨河路，南至茶亭河，西临滨湖花园小区，东靠古县东安置小区，现存面积 25 万平方米。

一、遗址概况

古县遗址于 2008 年第三次文物普查时发现。2018 年，南京博物院抢救发掘了遗址东侧的青龙头汉代至宋明时期墓地和大山下唐代窑址，并对遗址进行了初步踏查。2019 年，南京博物院对古县遗址进行了全面的勘探，明确了遗址的分布范围。2020 年至 2021 年，古县遗址申报了国家文物局主动发掘项目。考古领队为高伟，参与发掘工作的先后有高伟、周恒明、田长有、仪张敏、聂宗广、史骏、霍俊春、董珊珊、李保国、李倩、谢悦茹等。

二、发掘经过

古县遗址以聚落考古理念为理论指导，充分运用现代科技手段系统开展考古工作。积极践行文化遗产保护理念，对于重要遗存或遗迹现象的发掘工作以认清文化内涵为目标，局部解剖，利用断面观察与认识地层堆积情况，科学记录考古信息，尽可能保护揭露的重要遗存面，积极推动古县遗址的发掘保护与合理利用。古县遗址总坐标基点设置在美林路与古县村东西向水泥路交界处，按照四象限法将遗址分作 I、II、III、IV 四个区域，整体布局，分区揭示。重点围绕古县遗址的分布范围及堆积性状、城址布局与相关遗存分布、文化堆积与内涵属性、水系交通及其与周边文物点的关联等方面展开考古工作。

2020 年，南京博物院对遗址进行了正式发掘。因 I 区北侧有规划建设学校区域，2020 年度的考古工作主要在遗址规划区内开展抢救性发掘工作，揭露出东晋南朝时期的礼制建筑、院落建筑及道路、水井、灰坑、灰沟等重要遗存，出土了大量瓷器、陶器、砖瓦建筑构件等同期生产生活遗存，取得重大收获。

2021 年度古县遗址的发掘工作以厘清城址四至及找寻城门所在为主，通过发掘、解剖工作，深入了解城墙堆积性状与内涵，分析研判城墙的构筑与变迁，进一步探求城内外道路与城址布局等相关遗存的分布情况，以期整体全面地认知古县城址的文化内涵。

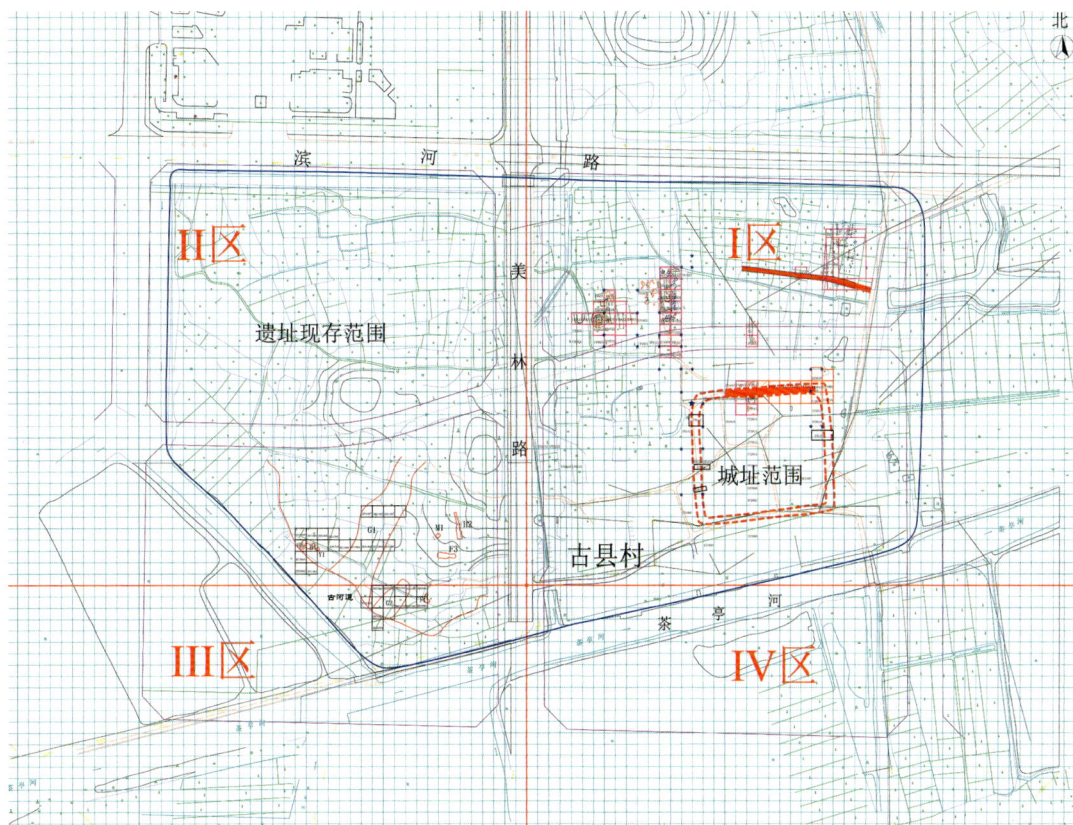

■ 古县遗址总布方图

三、发掘收获

古县遗址考古发掘已基本明确城墙四至，形成了对城墙堆筑性状和时代内涵的初步认知，对城墙后期增筑加固的现象进行了确认研判。此外，在北城墙外侧还发现了春秋时期的窑址，孙吴时期的灰沟，城外东晋南朝时期的礼制建筑和院落建筑，以及唐宋时期的道路、水井、墓葬等诸多遗迹现象。

（一）城墙四至

北城墙分布于IT1616—2616等方，东北—西南走向，在IT2716转角向南；从地层堆积和出土遗物分析，城墙最上层年代至晚为唐，最下层年代至晚为三国时期。东城墙分布在IT2715—2707等方，南北走向，在IT2706转角向西。南城墙为水泥路面，分布在IT2705—1605等方，地势明显高出周边区域。西城墙分布在

IT1505—1516 等方，南北走向。由此，可初步明确古县城址的北、东、南、西城墙四至，初步推算北城墙长约 120 米，东城墙长约 100 米，南城墙长约 120 米，西城墙长约 108 米，城址周长约 448 米，与史料中"周三百步"的记载基本相符。

■ 北城墙剖面
■ 北城墙局部

■ 东城墙剖面

■ 北城墙剖面

■ 北城墙部分

（二）礼制建筑区

在城墙西北的高地处（分布于 IT0623、IT0723 等探方内），发掘揭露了一处以细黄土夯筑的圆形台地，台地居中垒筑有单砖砌壁的方形建筑，应为坛壝遗存，西南边缘见一石质方形卯状碑座。建筑所用青砖以素面为主，部分有钱纹和梳纹，其上地层出土板瓦、筒瓦和瓦当等建筑构件，多已残碎，瓦当可辨纹饰有莲瓣纹和人面纹。

（三）院落区

分布于遗址 I 区东北部（IT2727 等探方位置），城外东北侧。目前揭露有院落式房址的基槽、柱洞、砖铺路面等建筑单元，出土较多套菱纹、钱纹青砖和少量兽面纹、莲瓣纹瓦当等建筑构件。房址各单元以砖铺路面连结，布局规整统一，由此构成了院落式建筑的整体布局。从地层关系和出土器物推断，院落式建筑被南朝时期的地层所叠压，即院落式建筑的最晚废弃年代为南朝时期。

● 东晋铭文砖

- 器盖
- 辟雍砚
- 瓷碗

● 瓷盆

● 瓦当

● 唾壶
● 灯盏

四、初步认识

遗址 I 区的发掘工作基本确认了古县城址的四至与范围，并对城址外围礼制建筑区、院落建筑区等重要遗迹进行了揭露，初步勾勒出遗址 I 区的遗存布局。从地层堆积和出土遗物来看，遗址的主体遗存年代集中于三国南朝时期，大量瓷器、陶器、砖瓦建筑构件等生产生活遗物的出土充分实证了遗址丰富的文化内涵。《溧阳县志》载："古县，孙吴永平县，晋宋齐梁陈隋永世县并治之在，今治南十五里。建康志云：周三百步，遗址高一二尺，今俗称故县，内有唐隆寺旧基，乡民尤能言古狴犴之所。"综合古县遗址地望、水文环境与考古工作揭示的文化内涵等方面考证，古县遗址与"永平""永世"县治高度契合，城墙四至周数与文献记载基本一致。

古县遗址的发现，初步揭示了六朝时期县治的规模布局，填补了江苏六朝县治考古的空白，为充分研究其时南方县城的设置、国家机构的管理、社会结构的组成、运河水网的联通、大一统国家的形成等方面提供了宝贵的资料。

（高伟）

大山下窑址

■ 窑址全景

一、遗址概况

2018 年 4 月，南京博物院和溧阳市博物馆考古工作人员在溧阳市天目湖镇大山下村南航天目湖校区建设工地发现大量青瓷片，随即开展考古调查，确认该遗址为一处晚唐时期的青瓷窑址。由于前期基建施工，遗址原貌被严重破坏。

二、发掘经过　　　（一）发掘概况

由于破坏严重，在窑址残存部分布 10 米 ×10 米探方 15 个，共 1500 平方米。发掘出土残存龙窑 1 座，出土碗、钵、罐、壶等各类瓷片以及垫饼等窑具约 20 吨，其中可复原的瓷器近千件。另外清理汉代墓葬 3 座。

■ 窑址全景

（二）地层堆积

　　由于前期工程建设，原始地层已遭到破坏，地表即裸露唐代瓷片废弃堆积层，厚 0.3—0.5 米不等。瓷片堆积层下为生土。

■ 地层堆积

■ 窑床

■ 窑床线图

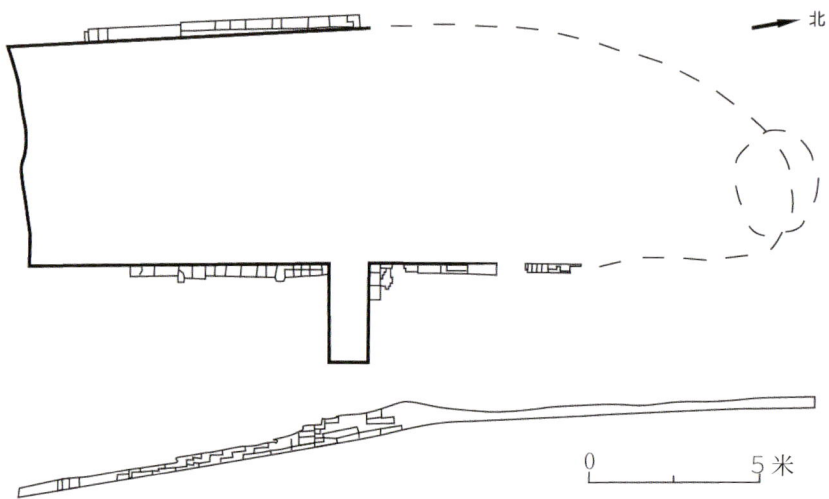

北

0   5 米

三、主要收获

（一）窑床

窑床位于 T4 东部，长条形龙窑，北高南低。窑床两壁用砖垒砌而成，中间有大量的红烧土块和瓷片。窑壁的红烧土明显，窑床呈南北向，北高南低。南北现残长 7.9 米，东西宽 3.2 米。窑底呈斜坡状，铺沙。东侧发现一处窑门痕迹。窑头部位发现圆形烟囱痕迹。

（二）遗物

瓷器器类以碗、钵、盆为大宗，其余有罐、瓶、鍑等。以平底器为主。胎体瓷土呈灰白色，较为致密。釉色主要为青黄色，少量黑釉和窑变釉，有开片现象。器物大多施半釉，精品施全釉。装饰方法主要为刻划。有的瓷碗内底有店号等字款，或鹳、兔等动物图案和花卉。装烧工艺以叠烧为主，其间以小的泥条间隔，器底常见叠烧痕迹。

窑具主要是夹粗砂的筒形支座和垫饼等，未见匣钵。

■ 黑釉瓷片标本

■ 叠烧痕迹
■ 青瓷标本
■ 窑变釉标本

（三）汉代墓葬

发现 3 座汉墓，分别命名为 2018LNYM1、2018LNYM2、2018LNYM3，其中 2018LNYM2 和 2018LNYM3 破坏严重。三座墓葬均是南北方向。

2018LNYM1 位于 T2 西北部，平面呈长方形。墓口距地表 0.3 米，长 2.24 米，宽 1.6 米，深 0.95 米。出土陶壶、陶瓿、陶罐、陶灶、铜钱、铁剑等 11 件遗物。

2018LNYM2 位于 T1 东北部，平面呈长方形。墓口距地表 0.3 米，长 2.82 米，深 0.5 米。出土陶罐、陶壶、陶盒等 6 件遗物。

2018LNYM3 位于 T3 东北部，墓葬平面呈长方形。墓口距地表 0.3 米，长 3.13 米，宽 1.55 米，深 0.44 米。出土陶壶、陶瓿、陶罐、铜钱、料珠（串珠）等 9 件遗物。

■ 出土垫饼

四、价值意义

大山下窑址是江苏发现的为数不多的唐代青瓷窑址之一，从中可以了解江苏在唐代青瓷生产的基本情况。初步来看，大山下窑址与相邻的宜兴市涧潩窑在时代和产品类型、工艺上有较多的相似之处，属于南方唐代青瓷窑系的一个组成部分。

（杭涛 田长有）

■ 汉代墓葬 2018LNYM1

■ 专家现场勘察

观山北遗址

一、遗址概况

　　观山北遗址位于溧阳市天目湖镇观山村北部，大溪河以南，观山以西，省道239东侧。地处观山东麓坡地，地势东部略高，西部略低。遗址部分为村庄所叠压，部分地表为农田和树林。经初步勘探，发现地层相对简单，地表采集到绳纹板瓦、韩瓶口沿、青瓷碗底、酱褐色瓷片等，判定为宋代—清代遗址。

■ 观山遗址地貌图

二、发掘经过

观山北遗址位于观山东侧山麓地带，高差较大，呈阶梯状分布。基于遗址地层相对分散，各阶梯地层差异较大，故采用分阶梯分区发掘，自上而下各阶梯编号为 2020LTGJ1、2020LTGJ2 和 2020LTGJ3，共计三个阶梯。

- 观山北遗址布方图
- 观山北遗址航拍

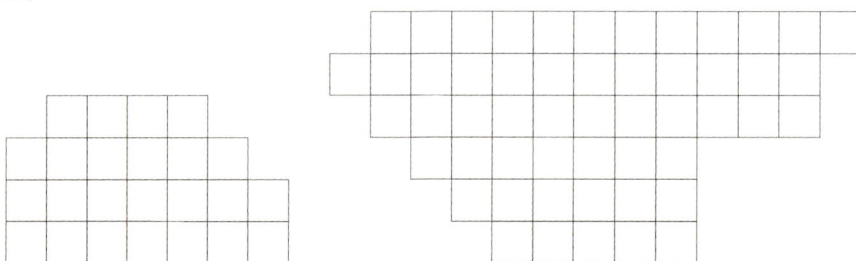

观山北遗址布方采取因地制宜的原则，为最大面积揭露遗址，选定沿工程占地线路方向布设探方的方式，与正北方向相差约 10°，即北偏西 10°。探方规格为 5 米 ×5 米。

（一）第三阶梯

第三阶梯即 2020LTGJ3，布设探方 24 个，其中最东侧探方往东扩方 1 米。第三阶梯海拔最低，位于山脚，原为民房基址和农田，地表多晚期建筑垃圾和树木植被等。该阶梯地层较厚，以山坡冲积滑落堆积为主，近现代建筑垃圾、构件、管道等较多，但同时地层中出土大量宋代以降陶瓷片和建筑构件等，明清瓷片较多。地层较为清晰，最底层为宋代文化层，包含物较为纯净，以宋代青瓷为主。宋代地层下为生土层。整体遗迹较少，主要发现灰坑、沟渠等。

■ 观山北遗址第三阶梯布方图

（二）第二阶梯

第二阶梯即 2020LTGJ2，地表有深水坑和水泥道路，其中旧239 省道穿过该区域，道路范围属于林区防火通道，暂时无法进行考古发掘，布设探方 45 个，揭露面积 1125 平方米。

第二阶梯海拔约 50 米，属于山前坡地，地层相对于第三阶梯较为浅薄。地层包含物并不纯粹，既有商周印纹硬陶片，又包含宋明清时期陶瓷片等。该区域地表扰乱严重，部分区域遭取土、挖坑、植树等侵扰行为破坏，文化层较为混乱。

（三）第一阶梯

第一阶梯 2020LTGJ1，海拔最高，约 60 米，处于观山半山腰位置，坡度较大，地表散落商周印纹硬陶片、红烧土等。

■ 观山北遗址第二阶梯布方图

三、发掘收获

（一）遗迹

观山北遗址遗迹现象较少，共发现灰坑 1 个、沟 2 条。

灰坑：编号为 2020LTGH1，部分位于 2020LTGT0415 内，部分位于探方东壁内，开口于第④层下，打破生土。坑口呈半圆形，距地面 75 厘米，直径 120—160 厘米，坑底呈凹形，距地面 125 厘米，坑深 50 厘米。填土为青灰色，含砂砾，较致密，出土少量瓷片。探方以外部分未发掘。

沟：编号为 2020LTGG1 和 2020LTGG2。

2020LTGG1 位于 2020LTGT0413 内，开口于第①层下，打破第③层、④层和⑧层。开口距地表 125 厘米，长 110、宽 62 厘米，深 58 厘米。填土为灰褐色，含砂砾，土质疏松，出土瓷片 20 片。

2020LTGG2 位于 2020LTGT0413 内，开口于第⑤层下，打破第⑥、⑦层，从 2020LTGT0414 东北角延伸至 2020LTGT0413，然后

■ 观山北遗址第一阶梯位置示意图

向南弯折至 2020LTGT0413 西南角。沟呈长条形，剖面呈 V 形，开口距地表 213 厘米，长 400、宽 70—160 厘米，深 52 厘米。填土为灰褐色，含砂砾，土质较为疏松，出土少量陶瓷片。

观山北遗址处于观山坡地，地层多斜向堆积，晚期破坏较严重，主体文化层以宋、明、清时期为主。遗址内遗迹较少，清理出灰坑、水沟等遗迹，出土遗物以日用陶瓷器碎片、砖瓦和建筑构件为主。

（二）遗物

共计出土标本 54 件，以宋元时期瓷器为主，还包括少量陶器和铜钱。另出土大量陶瓷碎片，以宋元和明清时期为主，同时采集到少量商周时期的印纹硬陶片。

● 白瓷碗　　● 黑釉瓷盏

- 青瓷盅　　● 花口瓷盏
- 青瓷碗底　● 褐釉瓷盆

四、价值意义

观山北遗址发掘面积较大，出土遗物以陶瓷片为主，标本较少。根据出土遗物和地层关系，初步判断该遗址主体年代集中在宋元至明清时期，宋代文化层较为清晰，明清文化层颇为杂乱。同时发现山麓地带有商周印纹硬陶片散落，此外还有成片烧土堆积，且烧土堆积下有植物腐殖层，可知商周陶片和红烧土堆积均为高处滑落所致。

观山北遗址发现遗物年代跨度较大，早至商周时期，晚近明清，其中又以宋代以降遗物为主。遗址周边存在较多文物点，北邻太虚观旧址，东北处相传为蔡邕读书台，西南则有新石器时代马家浜文化遗址（观山村遗址）。该遗址地形起伏较大，发现遗迹较少，以大量生活用品废弃堆积为主，应属于人类活动和聚落遗址的边缘区域。

（曹军 花纯强 史骏）

● 变形忍冬纹砖　　● 莲花纹瓦当

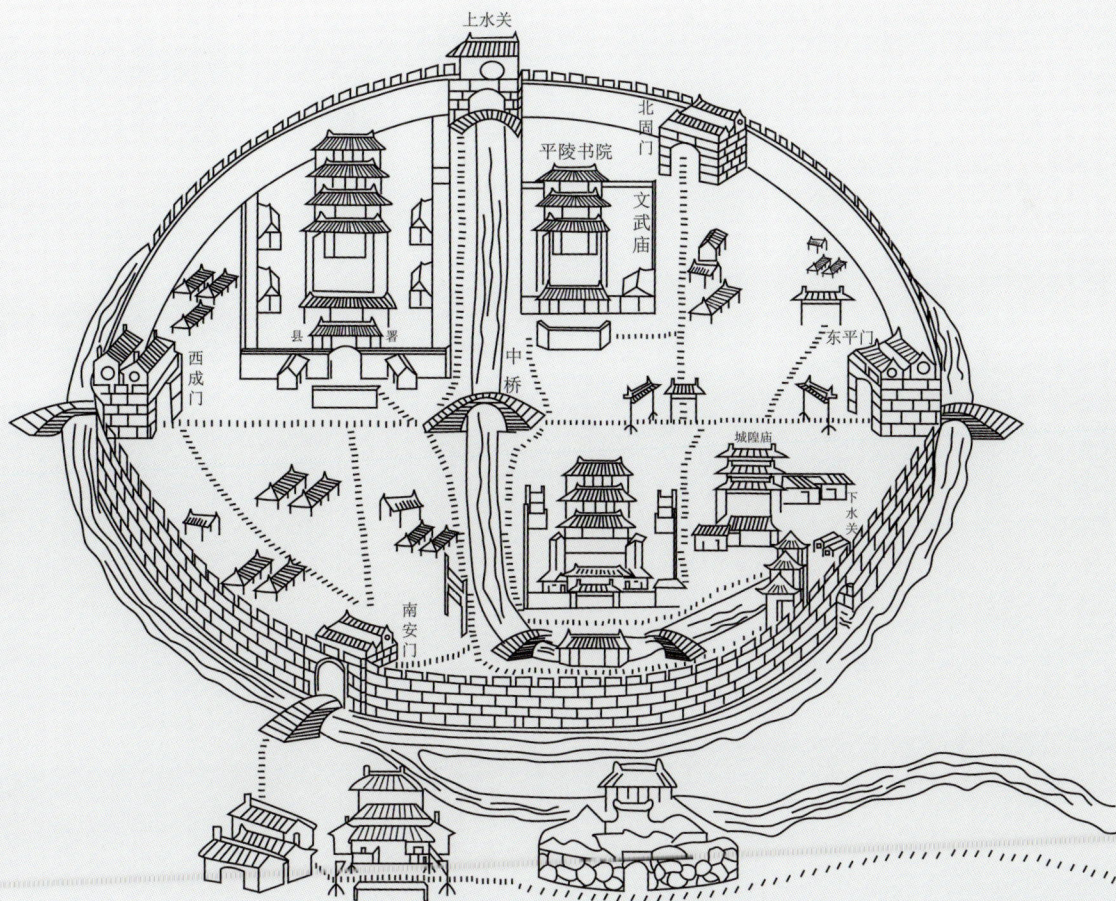

陆

◎ 团城遗址

团城胜迹

上水关
县署
西成门
平陵书院
北固门
文武庙
东平门
中桥
城隍庙
下水关
南安门

团城遗址

　　宝塔湾位于溧阳市团城镇东南角，属于溧阳市团城遗址的核心区域，历史上因建于此处的文昌阁形似宝塔，故民间俗称这一地区为宝塔湾。该区域地面现存古城墙、鲁仙宫等多处文物保护单位，以及灯光球场等历史建筑。依照溧阳市宝塔湾遗址公园项目规划，溧阳市文物保护管理中心对北至体育场路，南至护城河，西至人民桥，东至人民医院安康桥，东西长约 240 米，南北宽 35—50 米，占地面积约 2 公顷的规划建设地块范围进行了考古调查。

一、历史沿革

　　据记载，南唐李昪升元二年（938 年）始筑溧阳城，初为土墙，周围四里多长，高一丈二尺。城周有城壕（即护城河），深五尺，宽五丈。濑水（即城中河）穿城而过。明弘治九年（1496 年）知县符观因南面城墙紧逼学宫，为扩大学宫面积，将这段城墙拆去，移建在河滩地上。明嘉靖三十四年（1555 年）知县林命增修城墙上的矮墙，并加高五尺，倒塌的地方，拆掉重建。清乾隆三年（1738 年）知县吴学濂奏请动用国库银，修筑水关与城墙。清乾隆三十年（1765 年），知县刘恩训修筑城垣，于乾隆三十三年（1768

■ 古城墙等历史遗存位置示意图

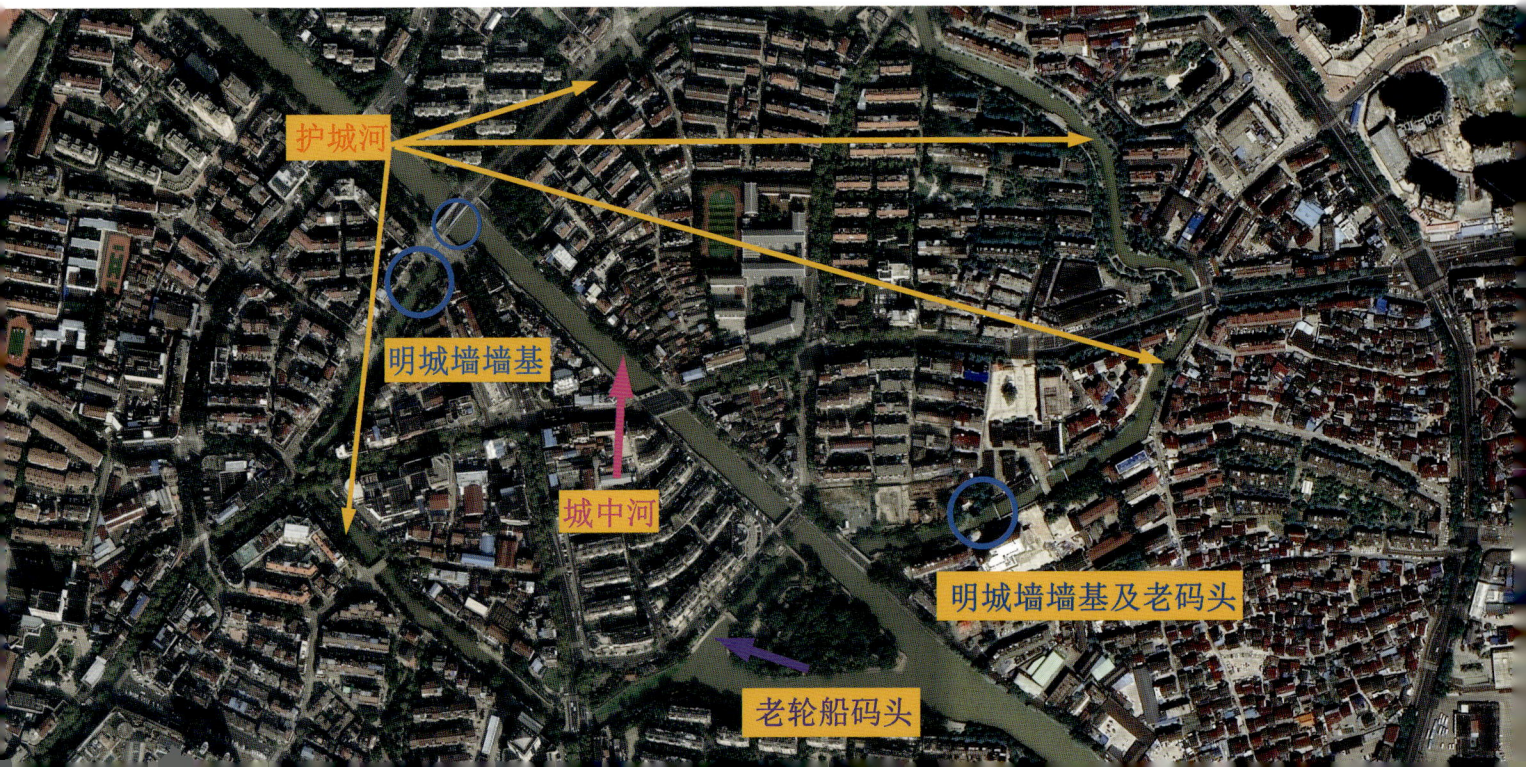

年）完竣。1998 年 6 月 16 日，溧阳古城墙被公布为市级文物保护单位后，由市文物管理委员会办公室、溧城镇文化站负责管理。2003 年 2 月 12 日，溧阳市人民政府（溧政发〔2003〕9 号）公布了古城墙保护范围。

二、遗存概况

团城宝塔湾遗址属于西城墙的一部分，周边围绕有护城河、学宫泮河及中河，近似一个"小岛"。宝塔湾北侧为学宫泮河，与学宫（孔庙）相望，泮河两侧有文德、武功两座石拱桥；宝塔湾南侧为护城河，在护城河东西两侧也各有一座石拱桥与城外相连（两座石拱桥分别位于今工农桥和人民医院安康桥的位置）。1930 年，蒋廷鉴、赵叔民、周陆森等人会同地方名士史俊章、狄爱人、孙少伯、史迪生于此筹建溧阳公园。公园由沈葆和、朱焕英设计，将文昌阁到跃龙关、学宫门前广场，连同泮河，尽纳入公园之中。1935 年又在此树立了溧阳旱灾赈济纪念塔，碑记由王炳章撰文，杨秉衡书刻。20 世纪 70 年代，在公园内文昌阁旧址处建革命烈士陵园，同时也将溧阳灯光球场移建至宝塔湾处。

宝塔湾现存历史遗存四处，即古城墙、溧阳旱灾赈济纪念塔、老码头及鲁仙宫。

■ 古城墙

■ 市民政局大楼东南侧古城墙及老码头位置图
■ 市交通工程建设管理处西北侧、西侧城墙基

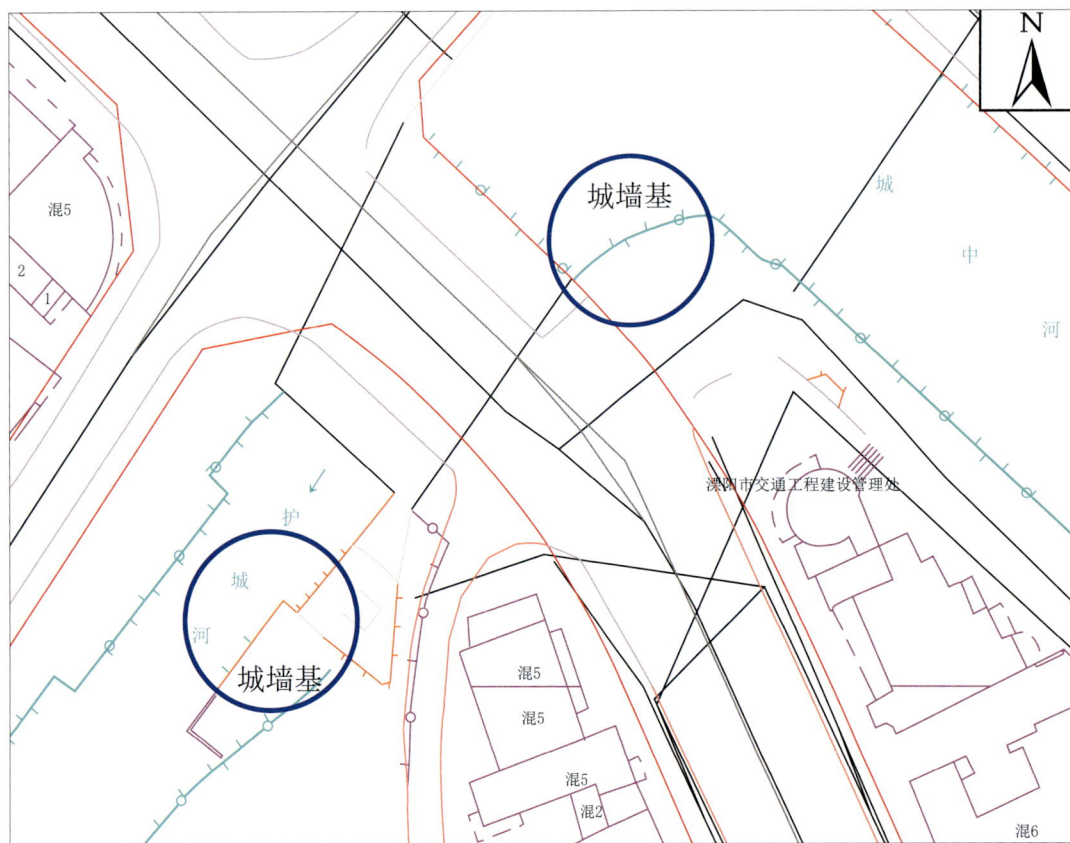

（一）古城墙

古城墙位于宝塔湾段护城河西北侧，明弘治九年（1496 年）知县符观始建，经历代重修。原城址平面呈椭圆形，南北长 830 米，东西宽 550 米，由宽 0.4 米、长 1.36 米或 1.02 米的不同规格长方形青石叠砌八层，城垣底宽 15 米左右。现仅存东南城墙约 50 米，存高 6 米，外有护城河遗迹，护城河长约 2700 米。其保护范围为：西至民政局宿舍楼东墙，南至护城河，北至体育巷 46-1 号屋前水泥电线杆，塔向东 10 米。

■ 西侧城墙基
■ 西北侧城墙基
■ 西侧城墙基

（二）溧阳旱灾赈济纪念塔

纪念塔位于溧城镇民政局大楼南侧，1935 年置。该塔为烛台形，通高 4.4 米，边宽 0.36 米，四面均为竖式篆书"溧阳旱灾赈济纪念塔"，塔座南侧碑文记载民国二十三年（1934 年）溧阳大旱时，受灾民众的艰难生活和邑人狄平子等捐资赈济的情况。碑记由王炳章撰文，杨秉恒书刻。该遗址保护范围为：西至古城墙，南至护城河，北至体育巷 46-1 号屋前水泥电线杆，塔向东 10 米。

■ 溧阳旱灾赈济纪念塔碑刻

溧阳千民国二十三年夏岁大旱饥转沟壑散四方几二十万人悉主县政南半
年搏兔力竭私人无带金可解公家更室罄虚县岌岌乎殆哉而天不绝人世界红卍字
会上海华洋义振会公教进行会佛化只国法会浦仁慈善会凡七团体先后来临实地
调查谋施急振输粉输饼输米输金费值逾二十万阖境昭苏崔子王有云受施慎勿忌
询众奚以报厥功俭金曰造塔以纪念塔成树之通街例得记其崖略俾邑人士睹以之
向日旱灾无七团体灾民几无孑遗而从政者惩前毖后养林濬水封米作仓有备无患
岂不懿欤谨将七团体台衔书列于左

上海世界红卍字会
上海华洋义振会

（三）老码头遗址

老码头遗址共有两处。一处位于溧城镇中心区体育巷，市民政局大楼东南侧，宝塔湾段护城河西北侧，紧邻市级文物保护单位古城墙。一处位于高静园西北门附近。

■ 老码头

（四）鲁仙宫

鲁仙宫位于溧城镇体育巷 59-4、59-5 号，坐北朝南，硬山式砖木结构。该建筑现存一屋两进，两进为前两小间、后三大间，两者中间有一小天井，进深 9.4 米，面阔三间半，占地面积约 120 平方米。该建筑前后两进均为硬山两面坡屋，中有明堂，禾木柱，青石柱础，第二进后侧部分用砂石柱础，梁架多处附有飞鸟雕刻。该建筑对于研究溧阳乃至江南地区清末民国建筑的布局、形制、建筑工艺具有一定的参考价值，现为溧阳市文物保护单位。其保护范围为：本体建筑及外围向东、南、西各 10 米，向北 8 米。

■ 鲁仙宫遗址

三、调查发现

（一）泮河遗迹及跃龙关遗迹（下水关）

下水关原址位于今人民桥附近，明弘治年间因风水之说被堵塞，另在学宫东面辟跃龙关，即今人民医院安康桥附近。万历时期重开旧水关，为学宫前的一段小溪流（今体育巷）。溪上有两座桥，分别为文德桥、武功桥。经调查，该探区地层堆积分为三层：第①层，现代居住垫土，厚约 1 米，灰褐色，土质较致密，含现代陶瓷片等生活垃圾。第②层，厚 0.8—1.5 米，灰褐色，土质较疏松，含近代陶瓷片、碎瓦片、砖块等。第③层，厚约 1.1米，黄褐色黏土，含瓷片、碎瓦片、砖块、石块等。第③层下为黄褐色生土，含大量水锈斑。此探区内发现有一条南北向古河道，宽约 17 米，深约 5.5 米。河道内堆积分两大层：上部为灰褐色填土，厚约 4.5 米，包含碎石块、碎砖块等垃圾。下部为深灰褐色淤泥，厚约 1 米，包含贝壳、碎陶片等。当地居民称之为"泮河"。

（二）明城墙遗迹

开展的调查工作主要有两项，一项工作是对古城墙外侧护城河的护坡体进行勘探。在水面下 1.5 米处发现了护坡体的底部基石平面，原有早期护河体高 4.5 米，其中上部 1.5 米为现代砌体，护河体平面呈弧形，沿河道走向砌垒，东起墙体拐弯处，西至工农桥，长约 200 米。水面上露出砌石 24 层，水下砌层不详，砌层厚度不均匀，但较平整，厚 0.1—0.3 米。砌体所用石块长度不统一，平铺错缝垒砌，白灰勾缝，护坡体厚度不详。因护城河紧挨城墙，河内流水直冲墙体，护城河砌体起到了保护城墙的作用。从护城河砌体和城墙墙体关系上看，应为先建墙体，后垒护城河砌体。护城河砌体东端紧靠墙体砌垒，基本与墙体融为一体，做工较为工整，推测应和城墙处于同一时期。一项工作是对古城墙基址内遗迹的勘探，包括居民居住区和鲁仙宫。在该探区的南部距地表约 2 米处发现一层路土，方向和范围不详，在北部距地表 2.8 米处发现砌石，宽约 1.5 米，性质不详。城墙边的砌石体与城墙走向一致，并有延伸迹象，说明该部分地下可能存在城墙基础。

■ 护城河砌体和明城墙交接处
■ 工作现场

（三）文昌阁遗址（俗称宝塔）

文昌阁遗址采用八角攒尖的形式，高三层。该遗址建于明万历年间，由教谕金维基和文人捐献建成，明清至民国时期历多次重修。1941年10月，文昌阁被日本侵略者焚毁。该地块考古勘探发现烈士墓1座、砌石体2处。为弄清遗迹的性质、范围及保存情况，对遗迹上的生活垃圾进行了清理，发现圆形土坑1个和残存铺地石面2处：一处铺地石面呈S形，编号为J1，一处铺地石面呈半圆形，编号为J2，三处遗迹西半部均被居民楼房基打破。在明城墙东南部内侧地表层下发现两组石块砌体：第①组残存平面形状为S形，砌体东部边缘较为完整，西部边缘被晚期坑打破，边缘不规则。通过勘探，已知厚度1.5米，因下部无法钻探，整体厚度不详，残长约13米，残宽约2米，平面用不规则的石块垒砌，做工粗糙，年代不详，尚不能明确其用途、性质。第②组砌体残存平面形状呈月牙形，被第①组砌体打破，砌体外部边缘石块工整，做工讲究，平铺错缝垒砌，石块呈弧形，缝隙用白灰填抹。经勘探，已知部分残存2米，2米下有平铺石块，厚度不详，由于砌体上方建筑垃圾过多无法探出下部平铺石的范围和形状。根据所用石块和垒砌方式与明墙体基本吻合，推测为明代建筑残存遗迹，该遗迹与文昌阁史料记载年代接近，但是否有关需进一步考证。在清理第②组砌体上部表层土时发现大量瓦片、青花瓷片，青花瓷片标本年代有北宋时期、明成化年间、清代，同时发现两块明砖，其中一块印有"荆"字样。

■ J1、J2 局部剖面

■ J1、J2 遗迹平面图

溧阳市宝塔湾砌石平面图

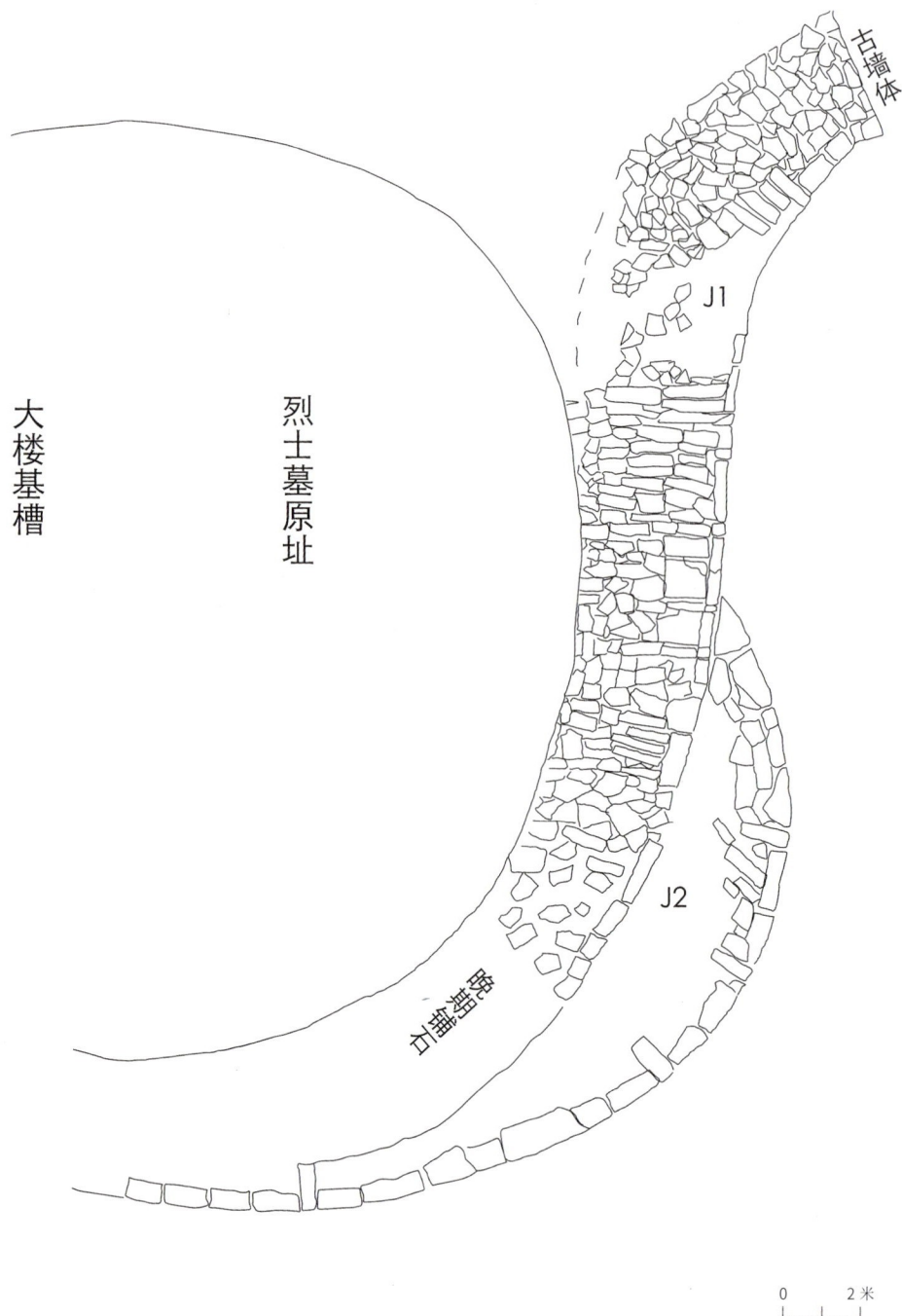

北

古墙体

J1

大楼基槽

烈士墓原址

古墙体

J2

0   2 米